Patientenversorgung aktiv gestalten

Julia Hänel, Tobias Hainz, Yvonne Marx,
Alexandra Sagel, Marcus Schneider, Christiane Villain

University of Applied Sciences
APOLLON
University Press

Patientenversorgung aktiv gestalten

Julia Hänel, Tobias Hainz, Yvonne Marx,
Alexandra Sagel, Marcus Schneider, Christiane Villain

BEITRÄGE AUS DER HOCHSCHULE

University of Applied Sciences
APOLLON
University Press

1. Auflage 2019

Herausgegeben vom Dekanat der APOLLON Hochschule der Gesundheitswirtschaft, Fachbereich I, Prof. Dr. Johanne Pundt

Projektmanagement: Julia Gwiasda, Bremen
Lektorat: Julia Gwiasda und Elisabeth Drimmel, Bremen
Layout und Satz: Ilka Lange, Hückelhoven
Cover: Elisabeth Drimmel, Bremen
Coverfoto: © manit – stock.adobe.com
Korrektorat: Ruven Karr, Saarbrücken
Printed in Germany

Bibliografische Information der Deutschen Nationalbibliothek
Die deutsche Nationalbibliothek verzeichnet diese Publikation in der Deutschen nationalbibliografie. Detaillierte Daten sind abrufbar unter:
http://dnb.d-nb.de

Werden Personenbezeichnungen aus Gründen der besseren Lesbarkeit nur in der männlichen oder weiblichen Form verwendet, so schließt dies das jeweils andere Geschlecht mit ein.

ISBN: 978-3-94-3001-44-0

www.apollon-hochschulverlag.de

Inhalt

Vorwort 9

Einleitung 11

1 Die Online-Videosprechstunde (Julia Hänel) 13

1.1 Theoretische Grundlagen 15
1.1.1 Gesundheit und Versorgungsbedarf von Älteren 15
1.1.2 Online-Videosprechstunde 16

1.2 Analyse der OVS nach dem Throughput-Modell 17
1.2.1 Methodisches Vorgehen 17
1.2.2 Input 18
1.2.3 Throughput 20
1.2.4 Output 21
1.2.5 Outcome 23

1.3 Schlussbetrachtung und Ausblick 25

2 Umsetzung und Auswirkungen der spezialisierten ambulanten Palliativversorgung (SAPV) (Marcus Schneider) 31

2.1 Strukturelle Umsetzung der SAPV 33

2.2 Auswirkungen der SAPV 38
2.2.1 Präferierte und tatsächliche Sterbeorte 38
2.2.2 Sterbeorte unter SAPV 41

2.3 Diskussion der Ergebnisse 43

2.4 Ausblick 48

3 Controlling im ländlichen Klinik-MVZ (Christiane Villain) 53

3.1 Ländliche vertragsärztliche Gesundheitsversorgung 55
3.1.1 Medizinische Versorgungszentren (MVZ) 56
3.1.2 Versorgungssituation und Herausforderungen 57

3.2 Ansätze zur Verbesserung der Versorgungssituation 60

3.3 Empfehlung geeigneter Controllinginstrumente 65
3.3.1 Operatives Controlling 65
3.3.2 Strategisches Controlling 66

3.4 Schlussbetrachtung 75

4 Patientenorientierte Versorgung abhängigkeitskranker Menschen in der stationären Entwöhnungsbehandlung (Alexandra Sagel) 79

4.1 Analyse von Vergütungssystemen stationärer Gesundheitsleistungen 83

4.2 Analyse von ausgewählten Modellprojekten im Bereich der medizinischen Rehabilitation 87

4.3 Systeme und Instrumente zur Klassifikation, Dokumentation und Qualitätssicherung 89

4.4 Entwicklung des neuen Vergütungssystems 3sVS-Sucht 93
4.4.1 Grundvergütung der behandlungsunabhängigen Kosten 97
4.4.2 Fallbezogene Zusatzvergütung der behandlungsvariablen Kosten 99
4.4.3 Ergebnisorientierte Bonusvergütung 113

4.5 Fazit 117

5 Die zunehmende Bedeutung der pflegenden Angehörigen
(Yvonne Marx, Ulrich F. Apel, Gernot Heusinger von Waldegg) 129

5.1 Pflegende Angehörige: Belastet, aber oft unerkannt 131

5.2 Unterstützung und Entlastung pflegender Angehöriger durch Interventionen? 135

5.3 Intervention: Früherer Ansatz und Vernetzung 137

5.4 Fazit und Ausblick 139

6 Ingestibles in der Patientenversorgung (Tobias Hainz) 145

6.1 Hintergrund 148
6.1.1 Was sind Ingestibles? 148
6.1.2 Probleme der Medikation bei chronisch kranken Patientinnen und Patienten 149
6.1.3 Gesundheitsökonomische Auswirkungen 150

6.2 Ingestibles: Ethische Erwägungen 151
6.2.1 Datenschutz und Datensouveränität 152
6.2.2 Prinzipielle Aversion gegenüber Datenpreisgabe 153
6.2.3 Vulnerable Patientengruppen 155

6.3 Empfehlungen 156

6.4 Fazit 158

Autoren 163

Rechtsquellenverzeichnis 167

Abbildungsverzeichnis 168

Tabellenverzeichnis 169

Stichwortverzeichnis 170

Vorwort

JEANINE STABER

Seit nunmehr 15 Jahren bildet die APOLLON Hochschule erfolgreich Fernstudierende mit gesundheitswirtschaftlichen Schwerpunkten wissenschaftlich fundiert und anwendungsorientiert aus. Mit ihren Absolventinnen und Absolventen leistet sie einen signifikanten Beitrag, aktive und zukünftige Entscheider und Gestalter des Gesundheitswesens hervorzubringen. Die elf Bachelor- und Masterstudiengänge sind dabei insbesondere für Berufstätige konzipiert, die sich mit einem gesundheitswirtschaftlichen Studium fachlich und beruflich weiterentwickeln möchten. Familienfreundliche Erwachsenenbildung liegt der APOLLON Hochschule dabei besonders am Herzen.

Die APOLLON Hochschule zeichnet darüber hinaus eine besondere Wertschätzung im Umgang mit ihren Studierenden aus. Das zeigt sich unter anderem darin, dass sie mit großem Engagement Studierende unterstützt, ihre Forschungsergebnisse, die sie bereits in ihrem Studium erzielt haben, auf verschiedenen Wegen der Öffentlichkeit zugänglich zu machen: So haben Bachelor- und Masterstudierende mit herausragenden Abschlussarbeiten die Möglichkeit, diese als Poster auf dem Symposium der APOLLON, das nunmehr seit zehn Jahren aktuelle Themen der Gesundheitswirtschaft aufgreift und diskutiert, zu präsentieren. Mit dem Studienpreis der Hochschule zeichnet eine Jury aus Expertinnen und Experten zusätzlich die besten Poster aus. Die Ergebnisse des APOLLON-Symposiums und bemerkenswerte Abschlussarbeiten von einzelnen Studierenden werden regelmäßig im Hochschulverlag APOLLON University Press veröffentlicht. Mit dem vorliegenden Sammelband etabliert die APOLLON nun ein weiteres Format, um Forschungsergebnisse ihrer Studierenden in konzentrierten Darstellungen und thematisch gebündelt in eine breitere Fachöffentlichkeit einzubringen.

Innovative Ideen und diskussionswürdige Ansätze rund um das Thema Patientenversorgung sind Gegenstand dieses Bands, dessen Beiträge auf Arbeiten beruhen, die Studierende sowie Absolventinnen und

Absolventen in ihrem gesundheitswirtschaftlichen Studium erstellt haben. Die Beiträge zeigen verschiedene Facetten und Zugänge auf, um sich wissenschaftlich fundiert und anwendungsorientiert mit Patientenversorgung im Gesundheitswesen auf unterschiedlichen Ebenen in diversen Settings auseinanderzusetzen. Sie identifizieren Problemfelder, entwickeln Ideen und arbeiten Lösungsansätze heraus, um die Patientenversorgung in dem jeweils analysierten Kontext aktiv zu gestalten.

Gute Patientenversorgung ist nach wie vor ein wichtiges gesundheitspolitisches Ziel, das sich allerdings auch immer im Spannungsfeld mit anderen, z. B. ökonomischen, Zielen und Interessen befindet und austariert werden muss. Daher zeigt die APOLLON bei dem vorliegenden Sammelband einmal mehr, dass sie sich mit ihren gesundheitswirtschaftlichen Themen am Puls der Zeit bewegt. Ich bin überzeugt, dass dieser Band mit seinen innovativen und vielfältigen Beiträgen Impulse liefert und die Diskussionen rund um die „Patientenversorgung“ und ihre Zusammenhänge bereichern wird.

Dr. Jeanine Staber (Referentin bei der Senatorin für Wissenschaft, Gesundheit und Vebraucherschutz Bremen und Lehrende an der APOLLON Hochschule)

Einleitung

JOHANNE PUNDT

Das vorliegende Fachbuch ist im Kontext von Arbeiten der Studierenden und Absolventen der APOLLON Hochschule im Fachbereich „Gesundheitswirtschaft" entstanden. Die sechs Beiträge thematisieren wichtige Aspekte der Patientenversorgung wie Vergütungssysteme, Steuerungsinstrumente, passende Versorgungsnetze und zielgruppenspezifische Optimierungen der Versorgung, um vor dem Hintergrund sich verändernder Rahmenbedingungen angemessene Lösungswege darzustellen bzw. logische Handlungsempfehlungen auszusprechen. Die zentralen Schlagwörter lauten demografischer Wandel, Technisierung, Versorgungsengpässe und Budgetprinzipien. Die Studierenden und Absolventen machen damit zentrale Themen im Prozess der Patientenversorgung besser sichtbar.

In welcher Weise man sich dem Thema der Patientenversorgung auch nähert, ein geschlossenes Konzept hält es nicht bereit, wohl aber differenzierte Gestaltungs- und Weiterentwicklungsmöglichkeiten, an denen man sich orientieren könnte. Unterschiedlichste Zugangswege, Adressaten, Verfahren und Prinzipien der Patientenversorgung lassen sich finden, die stets das Wohl des Patienten zum Ziel haben.

Allerdings ist unter heutigen Versorgungsbedingungen eine zufriedenstellende und durchweg adäquate Patientenversorgung fraglich geworden, da begrenzte Ressourcen fast unbegrenzten medizinischen Versorgungsmöglichkeiten gegenüberstehen. Diese Diskrepanz und das daraus resultierende Versorgungdilemma werden in der Subsumierung der Beiträge dieses Fachbuchs deutlich. Sie behandeln Querschnittsthemen, die in der Fachöffentlichkeit intensive Aufmerksamkeit erlangt haben und den Blick über den Tellerrand hinaus gewährleisten. Die Texte beleuchten zudem die Vielfalt der im interdisziplinären Kontext des Gesundheitswesens entstandenen institutionellen, organisationalen und zielgruppenspezifischen Gestaltungsansätze in unterschiedlichen Handlungsfeldern der Patientenversorgung und zeigen notwendige Strategien und Perspektiven auf.

Julia Hänel beginnt und beleuchtet in ihrem Beitrag die Etablierung der Online-Videosprechstunde, die seit kurzem Teil der Regelversorgung ist. Ermittelt wird, ob diese den Erwartungen, die vorab an sie gesetzt wurden, auch gerecht wird und ob sie entscheidend zur verbesserten Versorgung in ländlichen Regionen beitragen kann. Weiterhin auf dem Prüfstand stehen im Beitrag von *Marcus Schneider* die Umsetzung sowie die Auswirkungen der spezialisierten ambulanten Palliativversorgung auf die Versorgung von Palliativpatientinnen und -patienten. Anschließend legt *Christiane Villain* den Fokus erneut auf die ländliche Versorgungssituation und die Schwierigkeit, Arztsitze auf dem Land nachzubesetzen, bei der ein möglicher Lösungsweg die Medizinischen Versorgungszentren sein können. Im vierten Beitrag entwickelt *Alexandra Sagel* ein leistungsgerechtes Vergütungssystem im Rahmen stationärer medizinischer Rehabilitation – Zielgruppe: Suchtmittelabhängige. Das Konzept soll dazu beitragen, den Behandlungsschwerpunkt deutlicher auf die Patientinnen und Patienten auszurichten. Danach folgen *Yvonne Marx et al.*, die auf das derzeitige Versorgungsdilemma in Bezug auf die Situation der informell Pflegenden wechseln, sodass für sie eine gesicherte Identifikation, Beratung und Koordination der Pflegenden im Rahmen eines Pflegenetzwerks unerlässlich wird. Zum Schluss skizziert *Tobias Hainz* einen Abriss über technische Entwicklungen in der Patientenversorgung – im Fokus: die Ingestibles – und beleuchtet diese im Kontrast zu den anderen Beiträgen aus einer übergreifenden ethischen Sicht. Insgesamt betrachtet wird damit ein bunter Fächer der Patientenversorgung aufgemacht.

In diesem Sinne bedanke ich mich sehr herzlich bei meinen ehemaligen Studierenden für ihre engagierten und innovativen Texte und wünsche ihnen eine rege Verbreitung und Nutzung sowohl in Fachkreisen als auch bei ihren Kommilitonen. Diese sollten das vorliegende Buch als Ansporn sehen, um ihre eigenen Arbeiten aus dem Studium praxisorientiert zu verbreiten und sich selbst als unsere Gesundheitsexperten von morgen ins Spiel bringen!

Prof. Dr. Johanne Pundt (Präsidentin der APOLLON Hochschule)

1 Die Online-Videosprechstunde

Eine Verbesserung der ambulanten ärztlichen Versorgung Älterer in ländlichen Regionen?

JULIA HÄNEL

Die Online-Videosprechstunde (OVS) wurde im April 2017 in die Regelversorgung eingeführt, mit dem Ziel, den Zugang und die Versorgung von insbesondere chronisch Kranken zu verbessern und gleichzeitig den Versorgungsaufwand zu reduzieren. Basierend auf dem Throughput-Modell nach Pfaff/Schrappe untersucht der vorliegende Beitrag, inwieweit die OVS diese Ziele unter Alltagsbedingungen erreicht und eine qualitativ hochwertige ambulante medizinische Versorgung älterer Patienten in ländlichen Regionen ermöglicht. Dazu werden auch die rechtlichen, technischen und medizinischen Grundlagen sowie die Vergütung der OVS näher betrachtet.

Die Sicherstellung der ambulanten ärztlichen Versorgung steht zunehmend vor Herausforderungen, insbesondere in ländlichen Gebieten. Der demografische Wandel führt zu einer älter werdenden Bevölkerung, es wird ein Anstieg von 20 % im Jahr 2013 auf 28 % im Jahr 2030 prognostiziert (vgl. StBA, 2013, S. 19). Dies führt zu einem steigenden Anteil an chronisch kranken und immobilen Patientinnen und Patienten (vgl. Jacobs/Schulze, 2011, S. 17 f.). Gleichzeitig sind aufgrund der geringen Infrastruktur, der hohen Arbeitsbelastung und des wirtschaftlichen Risikos einer Niederlassung immer weniger junge Medizinerinnen und Mediziner bereit, sich in ländlichen Gebieten niederzulassen (vgl. Jacobs/Schulze, 2011, S. 15 f.). Altersbedingt werden jedoch in den nächsten Jahren vermehrt Ärzte ausscheiden. So war im Jahr 2016 bereits ein Drittel der Hausärzte älter als 60 Jahre. Die Schwierigkeit, einen Praxisnachfolger zu finden, führt bereits in einigen Planungsbereichen zu einer Unterversorgung bzw. drohenden Unterversorgung (vgl. Klose/Rehbein, 2017, S. 30 ff.). Aufgrund der zunehmenden Immobilität und Multimorbidität sind insbesondere ältere Patientinnen und Patienten[1] vom regionalen Ärztemangel betroffen.

Um die ambulante medizinische Versorgung zu unterstützen, wurde zum 01. April 2017 die Online-Videosprechstunde (OVS) als telemedizinische Leistung in die Regelversorgung aufgenommen. Hierbei erfolgt der Arzt-Patienten-Kontakt per Video im Internet. Die OVS kann bei Bestandspatienten den direkten Arztkontakt ersetzen und wird hauptsächlich zur visuellen Verlaufskontrolle (VK) eingesetzt (vgl. KBV, 2017a, S. 1 f.).

An die Einführung der OVS werden dabei folgende Erwartungen gestellt, die sich mit den Versorgungszielen für telemedizinische Vorhaben decken (vgl. BMG, et al., 2012, S. 2): Die OVS soll einen Beitrag zur Sicherstellung der flächendeckenden Versorgung in ländlichen Gebieten leisten (vgl. KBV, 2017b, S. 3), sie soll den Aufwand sowohl für Ärzte als auch für Patienten reduzieren und eine verbesserte Versorgung chronisch kranker Patientinnen und Patienten ermöglichen (vgl. GKV-SV, 2017).

Obwohl die technischen Voraussetzungen gegeben sind und die Vergütung geklärt ist, wird die OVS bisher von den Patienten kaum nachgefragt und nur von wenigen Ärzten angeboten (vgl. Pott, 2017). Dabei hat sich die Fernbehandlung und die Fernverschreibung mittels OVS beispielsweise in Schweden bereits etabliert und kann dort in vielen Fällen den Arztbesuch ersetzen (Ärztezeitung, 2017).

Der vorliegende Beitrag untersucht daher, ob die OVS eine qualitativ hochwertige ambulante medizinische Versorgung Älterer in ländlichen Regionen ermöglicht und inwieweit die OVS mit den aktuell gültigen Reglementierungen – Verbot von Fernbehandlung und Fernverschreibung – die gestellten Erwartungen erfüllt.

Um diese Fragen zu beantworten, wird die Umsetzung der OVS in die Praxis untersucht und auch jene Faktoren identifiziert, die die Implementierung der OVS erleichtern bzw. erschweren. Kapitel 1.1 beschäftigt sich dafür zunächst mit der derzeitigen Versorgungssituation von älteren Menschen und den theoretischen Grundlagen der OVS. In einem nächsten

1 Dieser Beitrag orientiert sich dabei an der Definition älterer Patientinnen und Patienten nach Tesch-Römer und Wurm als Personen über 65 Jahre (vgl. Tesch-Römer/Wurm, 2009, S. 7).

Schritt wird in Kapitel 1.2 die Umsetzung der OVS nach dem Throughput-Modell nach Pfaff/Schrappe analysiert. Die Ergebnisse der Analyse werden in Kapitel 1.3 abschließend betrachtet und es wird ein Ausblick zur Zukunft der OVS gegeben.

1.1 Theoretische Grundlagen

Im folgenden Abschnitt wird zunächst die medizinische Versorgung älterer Patientinnen und Patienten beleuchtet. Anschließend werden die rechtlichen, technischen und medizinischen Grundlagen sowie die Vergütung der OVS erläutert.

1.1.1 Gesundheit und Versorgungsbedarf von Älteren

Mit zunehmendem Alter häufen sich chronische Erkrankungen und auch die Multimorbidität nimmt zu. Als chronisch werden Krankheiten bezeichnet, die langanhaltend oder nicht heilbar sind. Hierzu zählen u. a. Herz-Kreislauf-Erkrankungen, Diabetes und Krebs. Unter Multimorbidität versteht man das gleichzeitige Auftreten mehrerer Erkrankungen, das häufig mit funktionalen Einschränkungen einhergeht (vgl. Saß et al., 2009, S. 6).

So waren im Deutschen Alterssurvey 2014 von den Befragten in der Altersklasse von 55 bis 69 Jahren bereits 14,3 % multimorbid mit fünf und mehr Erkrankungen. In der Altersgruppe der 70- bis 85-Jährigen stieg der Anteil auf ein Viertel an. Trotz der zunehmenden Multimorbidität beurteilten zwei Drittel der Befragten zwischen 55 und 69 Jahren und knapp die Hälfte der Befragten zwischen 70 und 85 Jahren ihre funktionale Gesundheit als gut (DZA, 2016, S. 23 f.).

Da auf chronisch Kranke ein Großteil der Krankheitskosten entfällt, kommt der medizinischen Versorgung dieser Patientengruppe eine besondere Bedeutung zu (vgl. SVR, 2001, S. 61). Eine kontinuierliche Betreuung dieser Patientinnen und Patienten ist entscheidend, um ihren Gesundheitszustand sowie die Lebensqualität zu verbessern (vgl. G-BA, 2017, S. 3) und langfristig Krankheits- und Folgekosten zu reduzieren (vgl. Gmeiner, 2016, S. 209 f.). Hier setzt die OVS an, um eine gute medizinische Versorgung dieser Patientengruppe bei reduziertem Aufwand für Arzt und Patienten zu gewährleisten (vgl. GKV-SV, 2017).

1.1.2 Online-Videosprechstunde

Bei einer OVS wird der Kontakt zwischen Arzt und Patient mittels Videoverbindung hergestellt. Hierfür sind ein Internetanschluss sowie ein Endgerät (PC, Tablet, Smartphone) notwendig. Die verschlüsselte Verbindung wird durch einen zertifizierten Videodienstanbieter hergestellt, der Arzt zahlt für die Bereitstellung eine monatliche Lizenzgebühr. Der Patient erhält für den Termin einen Zugangscode, mit dem er sich zur OVS einwählen kann. Anschließend gelangt der Patient in ein virtuelles Wartezimmer. Der Patient muss vorab schriftlich in die Nutzung der OVS einwilligen (vgl. KBV, 2017a, S. 2 ff.).

Die Nutzung der OVS ist nur Bestandspatienten möglich. Ärzten ist nach § 7 (Muster-)Berufsordnung-Ärzte (MBO-Ä) berufsrechtlich untersagt, einen Patienten zu behandeln, ohne dass vorher ein persönlicher Kontakt stattgefunden hat. Daher auch der Begriff „Fernbehandlungsverbot“. Nach § 48 Arzneimittelgesetz (AMG) ist außerdem die „Fernverschreibung“ von Arzneimitteln grundsätzlich untersagt und nur in Ausnahmefällen möglich.

Die OVS darf u. a. von Hausärzten, Augenärzten, Chirurgen, Gynäkologen, Dermatologen, Orthopäden, Fachärzten für Innere Medizin und Neurologen genutzt werden (vgl. KBV, 2017a, S. 2 f.). Das Leistungsspektrum ist dabei nach Gebührenordnungsposition (GOP) 01439 auf folgende Indikationen beschränkt:

- visuelle VK von Operationswunden, Dermatosen und akuten, chronischen und/oder offenen Wunden
- visuelle VK von Bewegungseinschränkungen/-störungen
- Beurteilung der Stimme und der Sprache als VK
- anästhesiologische, postoperative VK

Zur Vergütung der OVS wurden zwei neue GOP in den Einheitlichen Bewertungsmaßstab (EMB) aufgenommen (Stand 2018):

GOP 01439 „Betreuung eines Patienten im Rahmen einer OVS", 88 Punkte = 9,38 €

GOP 01450 „Zuschlag Videosprechstunde", 40 Punkte = 4,26 €

Die OVS zählt wie andere Gespräche oder Telefonate zur Grundpauschale und wird nicht separat vergütet. Die GOP 01439 kann nur abgerechnet werden, wenn der Kontakt im Quartal ausschließlich mittels OVS stattfindet oder aber im Rahmen einiger GOP mit häufigem Arztkontakt (z. B. Dekubitus). Einer dieser Arztkontakte kann dann durch eine OVS ersetzt werden. Um die Einführung der OVS zu fördern, wird für jede OVS ein Technikzuschlag gewährt. Dieser extrabudgetäre Zuschlag ist jedoch auf 200 Euro pro Quartal limitiert (vgl. KBV, 2017a, S. 3 f.).

1.2 Analyse der OVS nach dem Throughput-Modell

Um zu prüfen, ob die OVS u. a. tatsächlich zu einer verbesserten Versorgung älterer Patientinnen und Patienten beitragen kann, wurde im Folgenden die OVS anhand des Throughput-Modells nach Pfaff/Schrappe analysiert. Nachfolgend wird zunächst das methodische Vorgehen beschrieben und anschließend anhand einer systematischen Versorgungsanalyse die Umsetzung der OVS unter Alltagsbedingungen dargestellt.

1.2.1 Methodisches Vorgehen

Anhand einer Analyse von Primär- und Sekundärquellen wurde untersucht, inwieweit die OVS die an sie gestellten Erwartungen erfüllt und zu einer Verbesserung der Gesundheitsversorgung beiträgt.

Um die Umsetzung der OVS in der Praxis zu untersuchen und ggf. Optimierungsmöglichkeiten aufzuzeigen, wurde auf das Throughput-Modell, modifiziert nach Pfaff/Schrappe, zurückgegriffen (vgl. Abb. 1.1). Der *Input* beschreibt hierbei den Versorgungsbedarf und die Ressourcen, der *Throughput* die Versorgungsstrukturen und -prozesse, die anschließend zum *Output*, der erbrachten Versorgungsleistung, führen. Der *Outcome* beschreibt die Wirkung und das Ergebnis für den Patienten und die Population (vgl. Schrappe/Pfaff, 2017, S. 20 ff.).

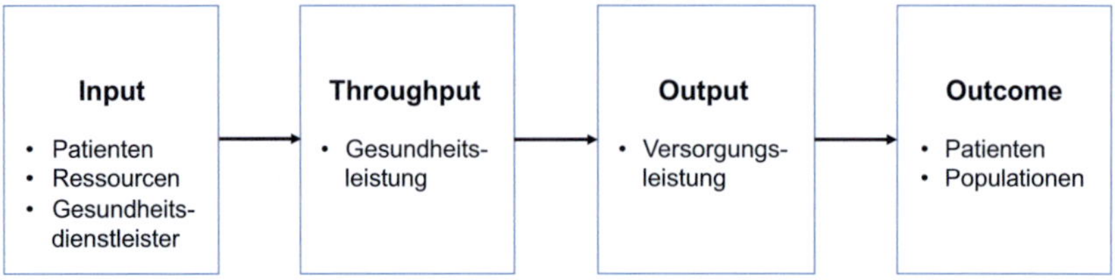

Abb. 1.1: Throughput-Modell modifiziert nach Pfaff/Schrappe (vgl. Pfaff/Schrappe, 2011, S. 4; Schrappe/Pfaff, 2017, S. 15)

Tabelle 1.1 benennt die Kriterien, die für die Untersuchung gewählt wurden.

Tab. 1.1: Kriterienkatalog für die Versorgungsanalyse

Stufen	Kriterien
Input	▪ Zugang zur OVS ▪ Bedarf und Inanspruchnahme ▪ Angebot und Nachfrage
Throughput	▪ mögliche Prozessoptimierungen
Output	▪ Auswirkung auf die Arzt-Patienten-Kommunikation ▪ Patientensicherheit ▪ Therapietreue
Outcome	▪ Qualität der erbrachten Leistung ▪ Patientenzufriedenheit ▪ Aufwand und Kosten (Effizienz)

Die weitere Analyse erfolgte dabei nach folgendem Schema: In einem ersten Schritt wurden die Grundlagen und Restriktionen der OVS analysiert. Hierzu erfolgte eine Recherche in Gesetzgebung, EBM und auf Internetseiten von relevanten Institutionen und Verbänden. In einem zweiten Schritt erfolgte eine Recherche nach relevanten Studien, Befragungen etc. in der medizinischen Datenbank Pubmed.

1.2.2 Input

Zum *Input* zählen die Faktoren Patienten, Angehörige der Gesundheitsberufe sowie Ressourcen (vgl. Schrappe/Pfaff, 2017, S. 20). Daher wurden für die Analyse die Kriterien Zugang zur OVS, Bedarf und Inanspruchnahme sowie Angebot und Nachfrage definiert.

Es zeigt sich, dass der **Zugang zur OVS** für Ältere deutlich eingeschränkt ist. Nutzen von den 60- bis 69-Jährigen noch 69 % das Internet, so sind es bei den über 70-Jährigen lediglich 36 %. In diesen Altersgruppen wird das Internet zu 91 % zum Senden und Empfangen von E-Mails, zu 38 % zum Telefonieren oder für Videotelefonate und zu 21 % zum Hochladen von Fotos o. Ä. genutzt (vgl. StBA, 2017, S. 17 ff.). Von den Personen zwischen 60 und 69 Jahren wäre theoretisch noch rund ein Viertel in der Lage, eine OVS durchzuführen, bei den über 70-Jährigen sind es dagegen lediglich knapp 14 %. Gleichzeitig kann die Internetnutzung in Abhängigkeit vom Bildungsabschluss betrachtet werden. So nutzen mehr Personen mit hohem und mittlerem Bildungsabschluss das Internet als Personen mit einem niedrigeren Abschluss (vgl. StBA, 2017, S. 17). Personen mit niedrigem Bildungsabschluss weisen jedoch im Durchschnitt einen schlechteren Gesundheitszustand und höhere Risikofaktoren auf (vgl. Mielck et al., 2012, S. 31 f.).

Es zeigt sich somit, dass aufgrund der geringen Internetnutzung und der fehlenden Technikkenntnisse ein Großteil der Älteren von der OVS ausgeschlossen ist. Dies betrifft insbesondere Menschen über 70 Jahre und Menschen mit niedrigem Bildungsabschluss.

Bei der Betrachtung der Indikationen für eine OVS zeigt sich jedoch, dass einige Indikationen für eine OVS durchaus relevant für die medizinische Versorgung von Älteren sind. Hierzu zählen insbesondere die VK von Dermatosen und chronischen Wunden sowie die postoperative VK (vgl. Trautinger, 2015, S. 24). Es ist jedoch fraglich, inwieweit die Patientinnen und Patienten selbst noch eine OVS abhalten können. Der Zugang zur OVS könnte durch das Hinzuschalten einer dritten Person (Angehöriger, Pflegekraft etc.) verbessert werden, zumal die chronischen Wunden nach der visuellen VK wieder medizinisch versorgt werden müssten.

So wird aufgrund des zunehmenden Anteils an älteren Menschen eine steigende **Inanspruchnahme** von Urologen, Augenärzten und Fachinternisten erwartet, ein Rückgang hingegen bei Gynäkologen und Kinderärzten. Während die Inanspruchnahme in Zuwanderungsgebieten stark steigt, nimmt sie beispielsweise in den neuen Bundesländern aufgrund der Abwanderung nur moderat zu. Der **Bedarf** an Ärztinnen und Ärzten für die Versorgung von Älteren steigt somit, ist jedoch regional sehr unterschiedlich (vgl. Schulz et al., 2016, S. 3, 12 ff.). Dennoch wird die OVS bisher von den Patienten kaum nachgefragt und nur von wenigen Ärzten angeboten (vgl. Pott, 2017). Dabei halten 47 % der niedergelassenen Ärzte eine OVS für sinnvoll, insbesondere für immobile Patienten, für Patienten mit weiten Anfahrtswegen und für die Betreuung von chronisch Kranken (vgl. Stiftung Gesundheit, 2016, S. 19). Auf Patientenseite können sich von den Internetnutzern jedoch gerade einmal 27 % vorstellen, eine OVS zu nutzen. Mehr Erfolg hingegen scheint die OVS mit dem Einsatz in Pflegeheimen zu haben. In dem Modellprojekt „elVi" betreuen elf Arztpraxen neun Pflegeheime mittels OVS. Allein zwischen Mai 2016 und Februar 2018 kam es dabei zu 1.000 OVS (vgl. ZTG, 2018).

1.2.3 Throughput

Der *Throughput* untersucht die Auswirkungen auf die Versorgungsprozesse und -strukturen (vgl. Schrappe/Pfaff, 2017, S. 21), in diesem Fall daher die Auswirkungen auf die Wartezeit und die Anzahl der Hausbesuche.

Auch bei einer OVS entstehen für die Patienten **Wartezeiten**. Nach der Anmeldung zur OVS gelangt der Patient in ein virtuelles Wartezimmer; von hier aus wird er durch den Arzt aufgerufen. Das Schema entspricht dem eines Praxisbesuchs. In einer Studie zeigte sich, dass die Wartezeit vor Ort etwas geringer ausfiel als bei einer OVS. Die Ärzte gaben an, dass die Visite in der Praxis etwas besser in den Arbeitsablauf integriert werden kann als die OVS. Beide Sprechstunden waren annähernd gleich lang (vgl. Viers et al., 2015, S. 730 ff.). Die OVS hat daher keine positiven Auswirkungen auf die Wartezeit, diese kann jedoch eventuell sinnvoller genutzt werden als die Zeit im Wartezimmer der Praxis.

Ebenfalls ist fraglich, ob die OVS die Anzahl der **Hausbesuche** reduzieren kann. Eine Studie zu Hausbesuchen von Voigt et al., 2013, zeigt, dass die Patientinnen und Patienten im Durchschnitt 84 Jahre alt, mehrheitlich weiblich, pflegebedürftig und hochgradig multimorbid sind. Ein

Drittel der Patientinnen und Patienten lebt in Alten- und Pflegeheimen. Von den in der Studie betrachteten Hausbesuchen wurden knapp zwei Drittel an eine medizinische Fachangestellte (MFA) delegiert, insbesondere die VK chronischer Krankheiten und der Verbandswechsel (Voigt et al., 2013, S. 13 ff.). Die Studie trifft keine Aussage dazu, wie viele Hausbesuche durch eine OVS ersetzt werden könnten. Allerdings ist aufgrund des hohen Durchschnittsalters, der vielfachen Multimorbidität und der häufigen Pflegebedürftigkeit anzunehmen, dass die Mehrheit der Patienten nicht in der Lage ist, eine OVS selbstständig durchzuführen. Gleichzeitig wurde in 48,8 % der Hausbesuche ein Arzneimittel verschrieben und in 67,5 % fand eine Untersuchung (Blutentnahme, Blutzuckertest etc.) statt. Über eine OVS wäre dies nicht möglich. Eine reine Kontrolluntersuchung - Indikation für eine OVS - fand lediglich in 4,7 % der Fälle statt.

Zu einem anderen Ergebnis kommt das Modellprojekt „elVi“, bei dem Patientinnen und Patienten im Pflegeheim ergänzend mittels OVS betreut werden. Hierbei wird die OVS von einer Pflegekraft durchgeführt. Bisher fanden rund 1.000 solcher OVS statt. Hierbei konnte in 83,2 % der Fälle die OVS die Visite in der Praxis ersetzen; dies gilt insbesondere für die VK. Durch den geringeren Aufwand konnten die Patientinnen und Patienten engmaschiger betreut und einige Krankenhauseinweisungen verhindert werden (vgl. ZTG, 2018). An diesem Projekt zeigt sich, dass die OVS in Pflegeheimen eine sinnvolle Ergänzung darstellen und den Aufwand für Arzt und Patient reduzieren kann. Inwieweit die OVS zu einer engmaschigeren Betreuung führt und womöglich zu einer besseren medizinischen Versorgung beitragen kann, muss näher untersucht werden. Fraglich ist außerdem, wie die Pflegekraft bzw. das Pflegeheim für den Mehraufwand vergütet wird.

1.2.4 Output

Der *Output* betrachtet die erbrachte Versorgungsleistung (vgl. Schrappe/ Pfaff, 2017, S. 25). Da die OVS „im Prinzip keine neue Behandlungsmethode, sondern eine Prozessinnovation“ (Thranberend et al., 2015, S. 6) darstellt, werden hier die Auswirkungen auf die Arzt-Patienten-Kommunikation, die Patientensicherheit und die Therapietreue untersucht.

Eine gute **Arzt-Patienten-Kommunikation** sowie eine vertrauensvolle Beziehung sind entscheidend für den Therapieerfolg (vgl. Richter-Kuhlmann, 2014, S. 2051). Wie sich die OVS auf die Arzt-Patienten-Kommunikation auswirkt, ist jedoch nicht ausreichend geklärt. So beurteilen die Ärzte die Kommunikationsqualität der OVS laut zweier Studien sehr heterogen: In der Studie von Viers et al., 2015, wird die Kommunikationsqualität der OVS als sehr hoch (88 %) eingeschätzt, in der Studie von Liu et al., 2007, hingegen beurteilen die Ärzte das Gespräch mit dem Patienten eher als mäßig (40 %). Die älteren Patientinnen und Patienten hingegen waren in beiden Studien zufrieden mit der Kommunikation (vgl. Viers et al., 2015, S. 731; Liu et al., 2007, S. 230). In einer anderen Studie zeigt sich, dass es mittels OVS durchaus schwieriger sein kann, ein vertrauensvolles Gespräch zu führen (vgl. Kitamura et al., 2010, S. 19). Ergänzende Schulungen für Ärztinnen und Ärzte zum Thema Kommunikation mittels OVS wären daher sinnvoll.

Um die **Patientensicherheit** der OVS beurteilen zu können, wurden die Auswirkungen auf die Befundung und die Arzneimitteltherapie untersucht. Es zeigt sich, dass die Diagnose mittels Telemedizin (TM) bei ausreichender Bildqualität bei vielen Indikationen – wie beispielsweise bei Hautveränderungen – gleichwertig ist zu einem Besuch in der Arztpraxis (vgl. Nami et al., 2015, S. 37). Es gibt jedoch einige Indikationen, für die die alleinige Diagnose mittels TM nicht ausreichend ist, wie beim Diabetischen Fußsyndrom (vgl. Netten et al., 2017, S. 6). Die OVS wird bisher jedoch nur therapiebegleitend bei Bestandspatienten eingesetzt (vgl. KBV, 2017a). Im Zweifel sollte ein Hausbesuch oder Termin in der Praxis stattfinden.

Ältere Patientinnen und Patienten in der Schweiz nutzen den telemedizinischen Kontakt per Telefon insbesondere für Fragen zu chronischen Krankheiten und zur Medikation (vgl. Eggli, 2017, S. 18). Die OVS kann daher möglicherweise dazu beitragen, dass die Sicherheit bei der Arzneimitteltherapie erhöht wird. Allerdings steht hierfür auch die Beratung am Telefon nach GOP 01435 EBM zur Verfügung, die einen etwas niederschwelligeren Zugang ermöglicht. Gleichzeitig stellt sich die Frage, wie mit Änderungen im Medikationsplan umgegangen wird. Ergänzt der Patient diesen selbst oder übermittelt der Arzt einen neuen Medikationsplan?

Von den digitalen Versorgungsformen erwarten sich 42 % der Ärztinnen und Ärzte einen klaren Nutzen für die **Therapietreue** und die Therapiesteuerung (vgl. DAK-Gesundheit, 2018, S. 16). Eine gute Therapietreue, auch Adhärenz genannt, erhöht den Erfolg einer Therapie und reduziert unerwünschte Folgen und Gesundheitsausgaben. So liegt einer WHO-Studie aus dem Jahr 2003 zufolge die Therapietreue hinsichtlich der Einnahme von Arzneimitteln lediglich bei 50 % (vgl. Osterloh, 2012, S. 848 f.).

1.2.5 Outcome

Unter *Outcome* werden die Versorgungsergebnisse auf Patienten- und Populationsebene verstanden (vgl. Schrappe/Pfaff, 2017, S. 26). Daher wurden für die Analyse folgende Kriterien definiert: Qualität der erbrachten Leistung, Patientenzufriedenheit sowie Aufwand und Kosten.

Um die **Qualität der Leistung** zu messen, muss die Versorgung mittels OVS mit der Versorgung in der Praxis verglichen werden. Dabei zeigt die Studie von Wickström et al., 2018, dass die VK für chronische Wunden mittels TM gleichwertig ist zu einer VK in der Arztpraxis. Die telemedizinische Visite wurde von einer Pflegekraft durchgeführt, gemessen wurden Indikationen wie Wundheilungszeit und -rate. Die Autoren vermuten, dass die Studiengruppe überhaupt erst durch die TM erreicht worden ist und viele chronische Wunden später oder gar nicht medizinisch behandelt worden wären (vgl. Wickström et al., 2018, S. 4 ff.). Andere internationale Studien zeigen, dass die OVS für viele psychische, dermatologische und geriatrische Indikationen gleichwertig ist (vgl. Thranberend et al., 2015, S. 3).

Auch im Hinblick auf die **Patientenzufriedenheit** konnten keine signifikanten Unterschiede zwischen OVS und der Visite vor Ort festgestellt werden. Die meisten Patientinnen und Patienten – auch ältere – würden nach der Studie von Viers et al. in Zukunft wieder eine OVS nutzen (vgl. Viers et al., 2015, S. 731).

Sollen die Auswirkungen auf **Aufwand und Kosten (Effizienz)** betrachtet werden, muss zwischen Patienten, Ärzten und dem Gesundheitssystem unterschieden werden. Auf Patientenseite zeigt sich, dass es wenige ländliche Regionen gibt, in denen die Anfahrt zum Hausarzt mehr als 15 Minuten und zum Facharzt mehr als 30 Minuten mit dem PKW beträgt (vgl. Neumeier, 2017, S. 33, 97.). Hier ergeben sich große Einsparpotenziale durch den Entfall der Anfahrt, auch für Begleitpersonen.

Aufseiten der Ärzte ergibt sich ebenfalls ein reduzierter Aufwand, wenn wie im Modellprojekt „elVi" eine Pflegekraft die OVS durchführt und anschließend den Verbandswechsel etc. übernimmt (vgl. Kap. 1.2.3). Hierbei entfällt für den Arzt die Anfahrt. Inwieweit diese Konstellation zu einem Mehraufwand bei den Pflegekräften führt, muss untersucht werden. Die Konsultation an sich nimmt per OVS ähnlich viel Zeit in Anspruch wie in der Praxis (vgl. Viers et al., 2015, S. 730).

Hinsichtlich Kosten ergeben sich keine nennenswerten Einsparpotenziale für den Arzt. So wird die OVS nur separat vergütet, wenn im Quartal kein anderer Arztkontakt stattgefunden hat. Für die Mehrheit der älteren Patientinnen und Patienten trifft das jedoch nicht zu (vgl. FGW Telefonfeld, 2015, S. 5). Auch die Technikpauschale von maximal 200 Euro pro Quartal ist zu vernachlässigen, da dieser Lizenzgebühren von rund 180 Euro gegenüberstehen (vgl. KBV, 2017a; LaWell-Systems, 2018; Patientus, 2018) und zusätzlich die Hardware finanziert werden muss. Es bestehen daher aus ökonomischer Sicht für die Ärztinnen und Ärzte keine Anreize, den Patientinnen und Patienten eine OVS anzubieten.

Welchen Effekt die OVS auf Aufwand und Kosten für das deutsche Gesundheitssystem hat, wurde bisher nicht untersucht. Auch internationale Beispiele liefern keine gesicherten Aussagen zur Wirtschaftlichkeit von OVS oder TM. Es fehlt an großen Langzeitstudien zum *Outcome*, insbesondere zur Ergebnisqualität und den Kosten (vgl. Flodgren et al., 2015, S. 31; Wootton, 2012, S. 218 f.). Daher wird empfohlen, eine Kosten-Nutzwert-Analyse durchzuführen. Hierbei wird die VK A (Arztpraxis) der VK B (OVS) gegenübergestellt und die Effekte auf die Kosten und die Gesundheit (objektiv und subjektiv) werden verglichen (vgl. König, 2009, S. 125 ff.).

Nach ersten Erkenntnissen aus dem Projekt „elVi“ in Pflegeheimen führt die OVS aufgrund des reduzierten Aufwands zu einer engmaschigeren Betreuung der Patientinnen und Patienten (vgl. ZTG, 2018). Dies führt in erster Linie zu einer Mengenausweitung. Inwiefern die engmaschigere Betreuung zu einer effektiveren und effizienteren Versorgung führt, muss näher untersucht werden. Große Bedeutung hat hierbei die Versorgung von chronisch Kranken, da auf diese Patientengruppe ein Großteil der Krankheitskosten entfällt (vgl. SVR, 2001, S. 61).

1.3 Schlussbetrachtung und Ausblick

Die Analyse nach dem Throughput-Modell nach Pfaff/Schrappe zeigt auf, dass einige Indikatoren der OVS auf den Leistungsbedarf von älteren Patientinnen und Patienten zutreffen, wie die VK von Dermatosen und chronischen Wunden. Es zeigt sich, dass die Behandlungsqualität einer VK mittels OVS bei chronischen Wunden gleichwertig ist zu einer VK in der Praxis. Gleiches gilt für viele dermatologische, psychotherapeutische und geriatrische Indikationen. Die Patientenzufriedenheit ist aufgrund des reduzierten Aufwands hoch.

Aufgrund mangelnder Internetnutzung und fehlender Technikkenntnisse ist jedoch eine Vielzahl der Älteren von der OVS ausgeschlossen, insbesondere Patientinnen und Patienten über 70 Jahre und mit niedrigem Bildungsabschluss. Eine Reduzierung von Hausbesuchen wäre lediglich möglich, wenn die OVS von Angehörigen oder Pflegekräften durchgeführt wird. Außerhalb von Modellprojekten wird die OVS zudem trotz vorhandener Akzeptanz kaum angeboten oder nachgefragt. Dennoch gibt es Anzeichen dafür, dass sich die OVS durch die engmaschigere Betreuung positiv auf die Therapietreue und die Patientensicherheit auswirkt. Welche Effekte die OVS auf die Arzt-Patienten-Kommunikation hat, muss noch näher untersucht werden. Außerdem wären Schulungen für Ärzte sinnvoll.

Es gibt Anzeichen dafür, dass die OVS durch den geringeren Aufwand zu einer engmaschigeren Betreuung führt. Die OVS könnte dazu beitragen, die kontinuierliche Betreuung der Patienten sicherzustellen und die Therapie- und Arzneimitteltreue zu verbessern. Dies würde sich langfristig auf die Ergebnisqualität auswirken, indem Krankheits- und Folgekosten – für Krankenhausaufenthalte, Arzneimittel etc. – reduziert werden (vgl. Gmeiner, 2016, S. 209 f.). Beispielsweise entfallen bei einer Diabeteserkrankung von den Krankheitskosten allein 80 % nicht auf die eigentliche Behandlung des Diabetes, sondern auf die Behandlung von Folgeerkrankungen, die aufgrund von schlecht eingestellten Blutzuckerwerten entstehen (vgl. Gallwitz/Kröger, 2017, S. 5 f.).

Die Analyse zeigt, dass die OVS das Potenzial hat, die ambulante medizinische Versorgung – insbesondere von chronisch Kranken – zu verbessern und den Aufwand für Arzt und Patient zu reduzieren. Damit die OVS einen Beitrag zur Sicherstellung der medizinischen Versorgung von Älteren leisten kann, muss jedoch der Zugang verbessert werden. Durch die Einbindung von nicht ärztlichem Personal und ggf. durch die Integration in Disease-Management-Programme oder Chronic-Care-Modelle kann die OVS durchaus zu einer besseren ambulanten medizinischen Versorgung von älteren Patientinnen und Patienten in ländlichen Gebieten beitragen. Inwieweit hierfür Lockerungen am Fernbehandlungs- und Fernverschreibungsverbot vonnöten sind, wird sich zeigen.

Literatur

Ärztezeitung (2017). *Kammern räumen den Weg für Tele-Erstkontakt frei.* 29.12.2017. https://www.aerztezeitung.de/praxis_wirtschaft/e-health/telemedizin/article/954786/telemedizin-kammern-raeumen-weg-tele-erstkontakt-frei.html (06.12.2018).

BMG – Bundesministerium für Gesundheit (2012). *Von der e-Health Initiative erarbeiteter Kriterienkatalog zur Unterstützung der gezielten Planung, Durchführung und Evaluation von telemedizinischen Projekten.* https://www.bundesgesundheitsministerium.de/fileadmin/Dateien/3_Downloads/I/IT-Gipfel_Telemedizin/Kriterienkatalog_Zukunftsprojekte_Telemedizin_121121.pdf (15.12.2018).

DAK-Gesundheit (2018). *DAK Digitalisierungsreport 2018. So denken Ärzte über E-Health-Lösungen.* https://www.dak.de/dak/download/dak-digitalisierungsreport-2018-1959528.pdf (13.12.2018).

DZA - Deutsches Zentrum für Altersfragen (2016). *Deutscher Alterssurvey 2014. Zentrale Befunde.* https://www.dza.de/fileadmin/dza/pdf/DEAS2014_Kurzfassung.pdf (22.12.2018).

Eggli, A. (2017). *Medi24 - Telemedizin in der Schweiz. 5. Bayerischer Tag der Telemedizin.* https://www.telemedizintag.de/app/download/6953723881/Forum_7_Eggli.pdf?t= 1491375759 (25.02.2018).

FGW Telefonfeld (2015). *Versichertenbefragung der Kassenärztlichen Bundesvereinigung. Ergebnisse einer repräsentativen Bevölkerungsumfrage.* http://www.kbv.de/media/sp/Versichertenbefragung_2015_Berichtband_Bund.pdf (21.02.2018).

Flodgren, G./Rachas, A./Farmer, A. J./Inzitari, M. et al. (2015). *Interactive telemedicine: effects on professional practice and health care outcomes (Review).* Cochrane Database of Systematic Reviews, 9, https://www.cochranelibrary.com/cdsr/doi/10.1002/14651858.CD002098.pub2/epdf/full (05.12.2018).

Gallwitz, B./Kröger, J. (2016). *Vorwort: Gesundheitsbericht Diabetes 2017 - Erreichtes und Unerreichtes.* In: Deutsche Diabetes Gesellschaft/diabetesDE - Deutsche Diabetes-Hilfe (Hrsg.): Deutscher Gesundheitsbericht Diabetes 2017. Die Bestandsaufnahme. S. 5–9. https://www.diabetesde.org/system/files/documents/gesundheitsbericht_2017.pdf (10.04.2018).

G-BA - Gemeinsamer Bundesausschuss (2017). *Richtlinie des Gemeinsamen Bundesausschusses zur Umsetzung der Regelungen in § 62 für schwerwiegend chronisch Erkrankte („Chroniker-Richtlinie“).* https://www.g-ba.de/downloads/62-492-1530/RL-Chroniker_2017-11-17.pdf (17.04.2018).

GKV-SV (2017). *Kurzmeldungen aus der Kranken- und Pflegeversicherung sowie der Arbeit des GKV-Spitzenverbandes. Weg frei für Videosprechstunde.* https://gkv-spitzenverband.de/gkv_spitzenverband/presse/meldungen/einzelne_meldungen/2017_1/videosprechstunde.jsp (05.12.2018).

Gmeiner, A. (2016). *Schriftenreihe Gesundheitsmanagement und Medizinökonomie Band 45: Gesundheitsökonomische Konsequenzen der Digitalisierung bei Gesundheitsdienstleistungen für Qualität und Effizienz der Patientenversorgung.* Hamburg: Dr. Kovač.

Jacobs, K./Schulze, S. (2011). *Sicherstellung der Gesundheitsversorgung. Neue Konzepte für Stadt und Land.* Berlin: KomPart. https://www.wido.de/fileadmin/wido/downloads/pdf_gesundheitssystem/wido_ges_pubsigv_1011.pdf (05.12.2018).

KBV - Kassenärztliche Bundesvereinigung (2017a). *Online in die Arztpraxis: Vertragsärzte können ihren Patienten seit April Videosprechstunden anbieten.* https://www.kbv.de/media/sp/Praxisinformation_Videosprechstunde.pdf (15.12.2018).

KBV - Kassenärztliche Bundesvereinigung (2017b). *KBV-Positionen zur Digitalisierung in der Gesundheitsversorgung.* https://www.kbv.de/media/sp/2017_09_12_Positionspapier_Digitalisierung.pdf (02.01.2019).

Kitamura, C./Zurawel-Balaura, L./Wong, R. K. S. (2010). *How effective is video consultation in clinical oncology? A systematic review.* In: Current Oncology, 17 (3), S. 17–27. https://www.ncbi.nlm.nih.gov/pmc/articles/PMC2880899/pdf/conc17-3-17.pdf (28.03.2018).

Klose, J./Rehbein, I. (2017). *Ärzteatlas 2017. Daten zur Versorgungsdichte von Vertragsärzten.* https://www.wido.de/fileadmin/wido/downloads/pdf_ambulaten_versorg/wido_amb_pub-aerzteatlas2016_0716.pdf (11.02.2018).

König, H. H. (2009). *Gesundheitsökonomische Evaluation.* In: Roeder, N./Hensen, P. (Hrsg.): Gesundheitsökonomie, Gesundheitssystem und öffentliche Gesundheitspflege: Ein praxisorientiertes Kurzlehrbuch. Köln: Deutscher Ärzte-Verlag.

LaWell-Systems (2018). *CGM Elvi. Einsatzbereiche der CGM Elvi Videosprechstunde.* https://www.elvi.de/produkt/#testen.html (20.03.2018).

Liu, X./Sawada, Y./Takizawa, T./Sato, H. et al. (2007). *Doctor-Patient Communication: A Comparison between Telemedicine Consultation and Face-to-Face Consultation.* Internal Medicine, 46 (5), S. 227–232. https://www.jstage.jst.go.jp/article/internalmedicine/46/5/46_5_227/_pdf/-char/en (04.12.2018).

Mielck, A./Lüngen, M./Siegel, M./Korber, K. (2012). *Folgen unzureichender Bildung für die Gesundheit.* http://www.bertelsmann-stiftung.de/fileadmin/files/user_upload/Studie_Folgen_unzureichender_Bildung_fuer_die_Gesundheit.pdf (04.03.2018).

Nami, N./Massone, C./Rubegni, P./ Cevenini, G. et al. (2015). *Concordance and Time Estimation of Store-and-forward Mobile Teledermatology Compared to Classical Face-to-face Consultation.* Acta Derm Venereologica, 95 (1), S. 35–39. https://www.medicaljournals.se/acta/content/html/10.2340/00015555-1876 (02.01.2019).

Netten, J. J. van/Clark, D./Lazzarini, P. A./Janda, M. et al. (2017). *The validity and reliability of remote diabetic foot ulcer assessment using mobile phone images.* In: Scientific Reports, 7, S. 1–10. https://www.nature.com/articles/s41598-017-09828-4 (05.12.2018).

Neumeier, S. (2017). *Regionale Erreichbarkeit von ausgewählten Fachärzten, Apotheken, ambulanten Pflegediensten und weiteren ausgewählten Medizindienstleistungen in Deutschland – Abschätzung auf Basis des Thünen-Erreichbarkeitsmodells.* https://literatur.thuenen.de/digbib_extern/dn058983.pdf (30.11.2018).

Osterloh (2012). *Therapietreue: Verweigerer und Kalkulierer.* In: Deutsches Ärzteblatt, 109 (17), S. 848–849. https://www.aerzteblatt.de/pdf.asp?id=125150 (27.12.2018).

Patientus (2018). *Preise.* https://www.patientus.de/preise/ (31.01.2018).

Pfaff, H./Schrappe, M. (2011). *Einführung in die Versorgungsforschung.* In: Pfaff, H./Neugebauer, E./Glaeske, G./Schrappe, M. (Hrsg.): Lehrbuch Versorgungsforschung: Systematik – Methodik – Anwendung. Stuttgart: Schattauer, S. 2–23.

Pott, A. (2017). *Videosprechstunde: noch nicht bei Patienten und Ärzten angekommen.* https://www.telemedbw.de/de/fachartikel/videosprechstunde-noch-nicht-bei-patienten-und-aerzten-angekommen/ (31.01.2018).

Richter-Kuhlmann, E. (2014). *Arzt-Patienten-Kommunikation: Kein „alter Hut".* Deutsches Ärzteblatt, 111 (47), S. 2051. https://www.aerzteblatt.de/archiv/163775/Arzt-Patienten-Kommunikation-Kein-alter-Hut (16.04.2018).

Saß, A-C./Wurm, S./Ziese, T. (2009). *Somatische und psychische Gesundheit*. In: Böhm, K./Tesch-Römer, C./Ziese, T. (Hrsg.): Beiträge zur Gesundheitsberichterstattung des Bundes. Gesundheit und Krankheit im Alter. Berlin: Robert Koch-Institut, S. 31–61. https://www.rki.de/DE/Content/Gesundheitsmonitoring/Gesundheitsberichterstattung/GBEDownloadsB/alter_gesundheit.pdf?__blob=publicationFile (21.03.2018).

Schrappe, M./Pfaff, H. (2017). *Einführung in Konzept und Grundlagen der Versorgungsforschung*. In: Pfaff, H./Neugebauer, E./Glaeske, G./Schrappe, M. (Hrsg.): Lehrbuch Versorgungsforschung: Systematik – Methodik – Anwendung. 2. Auflage, Stuttgart: Schattauer, S. 1–68.

Schulz, M./Czihal, T./Bätzing-Feigenbaum, J./Stillfried, D. von (2016). *Zukünftige relative Beanspruchung von Vertragsärzten – Eine Projektion nach Fachgruppen für den Zeitraum 2020 bis 2035*. Versorgungsatlas-Bericht, 16 (2). https://www.versorgungsatlas.de/fileadmin/ziva_docs/67/VA-16-02-Bericht-Final_V3.pdf (04.12.2018).

StBA – Deutsches Statistisches Bundesamt (2017). *Wirtschaftsrechnungen. Private Haushalte in der Informationsgesellschaft – Nutzung von Informations- und Kommunikationstechnologien*. Fachserie 15, Reihe 4.

StBA – Deutsches Statistisches Bundesamt (2013). *Bevölkerung Deutschlands bis 2060. 13. koordinierte Bevölkerungsvorausberechnung*. https://www.destatis.de/DE/Themen/Gesellschaft-Umwelt/Bevoelkerung/Bevoelkerungsvorausberechnung/Publikationen/Downloads-Vorausberechnung/bevoelkerung-deutschland-2060-presse-5124204159004.pdf?__blob=publicationFile&v=3 (03.04.2019).

Stiftung Gesundheit (2016). *Ärzte im Zukunftsmarkt Gesundheit 2016: Digitalisierung des Arztberufs. Eine deutschlandweite Befragung niedergelassener Ärztinnen und Ärzte*. https://www.stiftung-gesundheit.de/pdf/studien/Aerzte_im_Zukunftsmarkt_Gesundheit_2016.pdf (10.04.2018).

SVR – Sachverständigenrat zur Begutachtung der Entwicklung im Gesundheitswesen (2001). *Bedarfsgerechtigkeit und Wirtschaftlichkeit. Band III: Über-, Unter- und Fehlversorgung*. www.svr-gesundheit.de/fileadmin/user_upload/Gutachten/2000-2001/Kurzf-de-01.pdf (14.04.2018).

Tesch-Römer, C./Wurm, S. (2009). *Theoretische Positionen zu Gesundheit und Alter*. In: Böhm, K./Tesch-Römer, C./Ziese, T. (Hrsg.): Beiträge zur Gesundheitsberichterstattung des Bundes. Gesundheit und Krankheit im Alter. Berlin: Robert Koch-Institut, S. 7–20. https://www.rki.de/DE/Content/Gesundheitsmonitoring/Gesundheitsberichterstattung/GBEDownloadsB/alter_gesundheit.pdf?__blob=publicationFile (04.12.2018).

Thranberend, T./Hartge, F./Fink, C. (2015). *Video-Sprechstunden. Sinnvolles Instrument in der ambulanten Versorgung – Akzeptanz in der Ärzteschaft zentraler Hebel für die Etablierung*. Spotlight Gesundheit, 11. https://www.bertelsmann-stiftung.de/fileadmin/files/BSt/Publikationen/GrauePublikationen/SpotGes_VideoSprechstunde_dt_final_web.pdf (18.04.2018).

Trautinger, F. (2015). *Hauterkrankungen im Alter*. Österreichische Ärztezeitung, 6 (3), S. 22–33.

Viers, B. R./Lightner D. J./Rivera, M. E./Tollefson, M. K. et al. (2015). *Efficiency, Satisfaction, and Costs for Remote Video Visits Following Radical Prostatectomy: A Randomized Controlled Trial.* European Urology, 68 (4), S. 729–735.

Voigt, K./Beyer, B./Bartels, A./Bergmann, A. (2013). *Versorgungsinhalte und organisatorische Merkmale von Hausbesuchen. Ergebnisse einer Querschnittsstudie mit allgemeinmedizinischen Lehrpraxen der Martin-Luther-Universität Halle.* https://tu-dresden.de/med/mf/ame/ressourcen/dateien/forschung/publikationenordner.2009-01-19./brosch-HB?lang=de (26.03.2019).

Wickström, H. L./Öien, R. F./Fagerström, C./Anderberg, P. et al. (2018). *Comparing video consultation with inperson assessment for Swedish patients with hard-to-heal ulcers: registry-based studies of healing time and of waiting time.* BMJ Open, 8. https://bmjopen.bmj.com/content/bmjopen/8/2/e017623.full.pdf (04.12.2018).

Wootton, R. (2012). *Twenty years of telemedicine in chronic disease management – an evidence synthesis.* Journal of Telemedicine and Telecare, 18 (4), S. 211–220. https://www.ncbi.nlm.nih.gov/pmc/articles/PMC3366107/pdf/10.1258_jtt.2012.120219.pdf (04.12.2018).

ZTG – Zentrum für Telematik und Telemedizin (2018). *1.000 Videosprechstunden in Pflegeheimen.* https://www.ztg-nrw.de/wp-content/uploads/2018/02/PM_1802-1.000-Videosprechstunden_4.pdf (04.12.2018).

2 Umsetzung und Auswirkungen der spezialisierten ambulanten Palliativversorgung (SAPV)

MARCUS SCHNEIDER

Aufgrund der demografischen Entwicklung und des medizinischen Fortschritts mit der Möglichkeit, eine älter werdende Gesellschaft auch zu Hause umfassend medizinisch und pflegerisch versorgen zu können, wird der Bedarf nach Palliativversorgung stark zunehmen. Um Menschen in der häuslichen Umgebung bis zum Tod versorgen zu können, wurde daher zum 01.04.2007 die spezialisierte ambulante Palliativversorgung (SAPV) eingeführt. Das Ziel des vorliegenden Beitrags ist es, die strukturelle Umsetzung sowie die Auswirkungen der SAPV auf die Versorgung von Palliativpatientinnen und -patienten zu untersuchen. Auf dieser Grundlage soll eine Einschätzung erfolgen, inwiefern die mit der gesetzlichen Einführung der SAPV intendierten Ziele tatsächlich erreicht werden konnten.

Die demografische Entwicklung hat zur Folge, dass die deutsche Gesellschaft altert. Diese Alterung wird auch in absehbarer Zukunft zu einer Zunahme von onkologischen und anderen schwerwiegenden lebenslimitierenden Erkrankungen führen, bei denen eine Heilung nicht möglich ist (vgl. Becka et al., 2014, S. 2254). Im Zusammenhang damit wird auch der Bedarf an Palliativversorgung weiter zunehmen. In der Folge wurden in den vergangenen 20 Jahren die Strukturen der Palliativversorgung in Deutschland ausgebaut. Als Reaktion auf diese Entwicklung wurde im Rahmen des Wettbewerbsstärkungsgesetzes (GKV-WSG) zum 01.04.2007 die spezialisierte ambulante Palliativversorgung (SAPV) im Rahmen eines neuen § 37b SGB V eingeführt. Die spezialisierte ambulante Palliativversorgung (SAPV) ist eine hochspezialisierte ambulante Leistung zur Versorgung von schwerstkranken und sterbenden Menschen. Die Leistungserbringung erfolgt durch sogenannte SAPV-Teams, die insbesondere aus Ärztinnen und Ärzten sowie Pflegefachkräften bestehen, welche über spezifische palliative Weiterbildungen verfügen müssen. Weitere Berufsgruppen sind - z. B. über Kooperationsverträge - in die Versorgung eingebunden. Die vorliegenden Studien belegen, dass die meisten Menschen zu Hause versterben möchten, viele davon aber - losgelöst von der SAPV - in Institutionen wie einem Krankenhaus sterben (vgl. Klie, 2016, S. 6). Daher hat die Einführung der SAPV eine gesellschaftspolitische Berechtigung.

Mehr als zehn Jahre nach Einführung der SAPV untersucht der vorliegende Beitrag mithilfe einer systematischen Literaturrecherche, ob die SAPV bereits flächendeckend verfügbar ist und ob dadurch Krankenhauseinweisungen reduziert sowie der Wunschsterbeort ermöglicht werden können.

Zur Beurteilung der strukturellen Umsetzung der SAPV wurden u. a. die jährlich[1] erscheinenden Berichte des GKV-Spitzenverbands zur vertraglichen Umsetzung der SAPV sowie des Gemeinsamen Bundesausschusses (G-BA) zur Evaluation der SAPV-Richtlinie ausgewertet. Im Rahmen einer systematischen Literaturrecherche wurde außerdem in den Datenbanken Medline und EMBASE mit Suchbegriffen nach aussagekräftigen Publikationen gesucht, die konkrete Auswirkungen der SAPV zum Gegenstand haben. Insgesamt wurden 582 Treffer in den beiden Datenbanken Medline (465 Treffer) und EMBASE (117 Treffer) gefunden. Im Rahmen der Prüfung der Titel und Abstracts wurden 46 Publikationen im Volltext bestellt. Eine spezielle Berücksichtigung zur Versorgung von Kindern und Jugendlichen fand nicht statt, sodass diese Zielgruppe ausgespart wurde. Der Untersuchung liegen damit 42 Publikationen zugrunde.

Der vorliegende Beitrag gibt in Kapitel 2.1 zunächst einen Überblick über die strukturelle Umsetzung der SAPV. Daran anschließend werden in Kapitel 2.2 die Auswirkungen der SAPV literaturbasiert herausgearbeitet, mit dem Fokus auf präferierten und tatsächlichen Sterbeorten sowie Sterbeorten unter SAPV. Auf dieser Grundlage erfolgt in Kapitel 2.3 die Diskussion der Ergebnisse, woran sich ein Ausblick in Kapitel 2.4 anschließt.

---

1 Seit dem 01.01.2017 erscheinen diese nur noch alle drei Jahre.

2.1 Strukturelle Umsetzung der SAPV

Zunächst wird der aktuelle Umsetzungsstand der SAPV analysiert. Um diesen zu bewerten, kann als Erstes ein Blick auf die Ausgaben der Krankenkassen der vergangenen Jahre geworfen werden. Die Ausgaben im Bereich der SAPV werden in den amtlichen Statistiken des Bundesministeriums für Gesundheit (BMG) unterteilt in die ärztlich-pflegerischen Leistungen sowie die durch ein SAPV-Team verordneten Arznei-, Heil- und Hilfsmittel. Im Rahmen des ersten Jahres der Einführung im Jahr 2007 wurden die Ausgaben der gesetzlichen Krankenkassen für die SAPV auf 80 Mio. Euro prognostiziert. Im Jahr 2008 sollten die Ausgaben nach den damaligen Schätzungen des Gesetzgebers bei 130 Mio. Euro, 2009 bei 180 Mio. Euro und 2010 bei 240 Mio. Euro liegen (vgl. Deutscher Bundestag, 2006, S. 211). Jedoch lagen die Ausgaben in den ersten Jahren nach Einführung der SAPV mit 17,3 Mio. Euro im Jahr 2009 deutlich unter den prognostizierten Werten.

Der Zeitreihe in Tab. 2.1 kann entnommen werden, dass die Ausgaben von 17,3 Mio. Euro im Jahr 2009 auf 512,91 Mio. Euro im Jahr 2018 deutlich gestiegen sind. Die Betrachtung der Ausgaben der Krankenkassen für diesen hochspezialisierten Versorgungsbereich zeigt eine erste Annäherung an den Umsetzungsstand der SAPV.

Tab. 2.1: Ausgaben der Krankenkassen für SAPV (vgl. BMG, 2018b; BMG, 2019a; G-BA, 2016, S. 14)

SAPV Leistungsausgaben Mio. €/Jahr	ärztlich/ pflegerische Leistungen	Arzneimittel	Heilmittel	Hilfsmittel	gesamt
2009	17,30	–	–	–	**17,30**
2010	47,82	5,60	0,42	2,27	**56,11**
2011	84,90	15,14	0,61	3,27	**103,92**
2012	127.50	20,50	0,85	2,94	**151,79**
2013	175,91	31,71	1,36	5,24	**214,21**
2014	202,22	42,80	2,70	7,19	**254,91**

SAPV Leistungsausgaben Mio. €/Jahr	ärztlich/ pflegerische Leistungen	Arzneimittel	Heilmittel	Hilfsmittel	gesamt
2015	267,02	50,59	3,05	11,78	**332,44**
2016	323,09	58,02	4,66	14,83	**400,60**
2017	368,74	71,80	5,50	17,94	**463,98**
2018[2]	411,92	74,51	5,90	20,61	**512,91**

Die Ausgaben für die im Rahmen der SAPV verordneten Arznei-, Heil- und Hilfsmittel können erst seit 2010 separat ausgewiesen werden. Als ein weiteres Merkmal der Umsetzung der SAPV ist neben der Ausgabenentwicklung die Entwicklung der Abrechnungszahlen zu nennen. Seit 2010 liegen bundesweite Abrechnungszahlen zur SAPV vor (vgl. G-BA, 2016, S. 20). Die Abrechnungsstatistik weist für das Jahr 2017 156.822 Abrechnungsfälle aus (vgl. BMG, 2019b). Abb. 2.1 verdeutlicht, dass die Abrechnungsfälle in den vergangenen Jahren deutlich zugenommen haben. Diese Entwicklung flankiert folglich die Zunahme der Ausgabenentwicklung im Bereich der SAPV. Der Ausgabenzuwachs ist u. a. auf die deutliche Zunahme der SAPV-Fälle zurückzuführen.

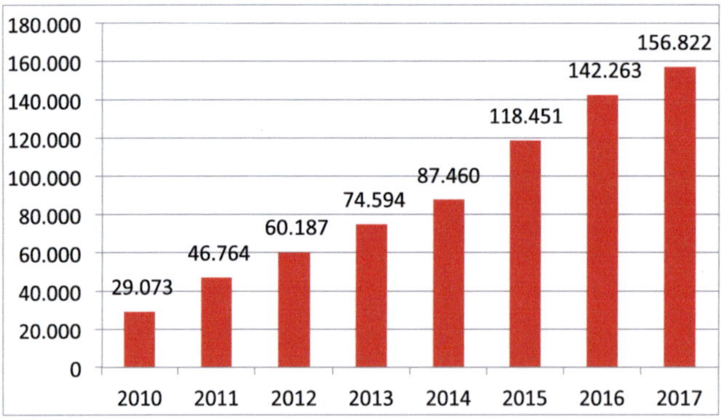

Abb. 2.1: Abrechnungszahlen im Bereich der SAPV (vgl. G-BA, 2016, S. 22; BMG, 2019b)

2 Für das Jahr 2018 handelt es sich um vorläufige Rechnungsergebnisse des BMG, da die finalen Zahlen bis zum Druck noch nicht veröffentlicht wurden.

Die SAPV wurde durch den Gesetzgeber außerhalb des kassenärztlichen Systems organisiert, da die spezifischen Leistungsbestandteile der SAPV ausweislich der Gesetzesbegründung zum § 132d Abs. 1 SGB V über die Leistungsart und den Leistungsumfang der vertragsärztlichen Versorgung hinausgehen (vgl. Handbuch SGB V, 2009, S. 284). Zur Umsetzung der SAPV sollen Krankenkassen nach § 132d Abs. 1 SGB V[3] Verträge mit SAPV-Leistungserbringern schließen, die die Voraussetzungen der Rahmenempfehlungen des GKV-Spitzenverbands auf Bundesebene nach § 132d Abs. 2 SGB V erfüllen. Dadurch ist eine Inanspruchnahme der SAPV im Rahmen des in der Gesetzlichen Krankenversicherung (GKV) üblichen Sachleistungsprinzips nach § 2 Abs. 2 SGB V möglich.

Insbesondere in den ersten Jahren nach Einführung der SAPV gab es Probleme mit der flächendeckenden Sicherstellung der Leistungserbringerstrukturen und damit auch der Verwirklichung des Leistungsanspruchs (vgl. Cremer-Schaeffer/Radbruch, 2012, S. 235). In einem Eckpunktepapier – u. a. erstellt vom ehemaligen Bundesgesundheitsminister Gröhe – wird darauf hingewiesen, dass insbesondere in strukturschwachen und ländlichen Gebieten eine ausreichende vertragliche Umsetzung der SAPV fehlt. Es wird daher gefordert, dass diese „weißen Flecken" in der Versorgungslandschaft zügig beseitigt werden sollten (vgl. Gröhe et al., 2014, S. 1). Um den Stand der Umsetzung bewerten zu können, sind die Anzahl der geschlossenen Verträge, die Anzahl der SAPV-Leistungserbringer sowie die Verteilung der Verträge im Bundesgebiet relevant. Der GKV-Spitzenverband trägt regelmäßig die Anzahl der geschlossenen SAPV-Verträge sowie die noch in Verhandlung stehenden Verträge zusammen, indem alle vertragsschließenden Krankenkassen hierzu befragt werden. Die Anzahl der bis zum 31.12.2016 kassenartübergreifend geschlossenen Verträge für Erwachsene nach § 132d Abs. 1 SGB V beläuft sich demnach auf 255 Verträge. Davon sind 241 Verträge nach § 132d Abs. 2 SGB V und 14 Verträge zur integrierten Versorgung nach § 140a SGB V geschlossen worden (vgl. GKV-SV, 2017, S. 11). Aus Tab. 2.2 können die Anzahl sowie das Verhältnis der in den einzelnen Bundesländern geschlossenen kassenartspezifischen

3 nach der Fassung des Gesetzes vom 20.10.2015, die bis zum 31.12.2018 Gültigkeit hatte

und kassenartübergreifenden Verträge nach § 132d Abs. 1 SGB V entnommen werden.

Tab. 2.2: Anzahl SAPV-Verträge nach § 132d Abs. 1 SGB V (vgl. GKV-SV, 2017, S. 11)

Bundesland	kassenartübergreifende Verträge	Verträge in Verhandlung	kassenartspezifische Verträge	Verträge in Verhandlung
Baden-Württemberg	34	0	0	0
Bayern	42	6	0	0
Berlin	1	0	0	0
Brandenburg	9	0	0	0
Bremen	2	0	0	0
Hamburg	8	0	0	0
Hessen	23	0	0	0
Mecklenburg-Vorpommern	10	1	0	0
Niedersachsen	45	1	0	0
Nordrhein-Westfalen	24	3	0	0
Rheinland-Pfalz	8	0	0	0
Saarland	3	0	0	0
Sachsen	16	0	0	0
Sachsen-Anhalt	0	0	14	0
Schleswig-Holstein	8	0	0	0
Thüringen	8	3	0	0
Gesamt	**241**	**14**	**14**	**0**

Die Ausgaben der SAPV sowie die Abrechnungsfälle nehmen stetig zu. Parallel dazu hat auch die Anzahl der geschlossenen Verträge im Bereich der SAPV zugenommen, während die Anzahl der in Verhandlung stehenden SAPV-Verträge weiter abnimmt. Dies kennzeichnet den Abschluss des Strukturaufbaus im Bereich der SAPV (vgl. Abb. 2.2).

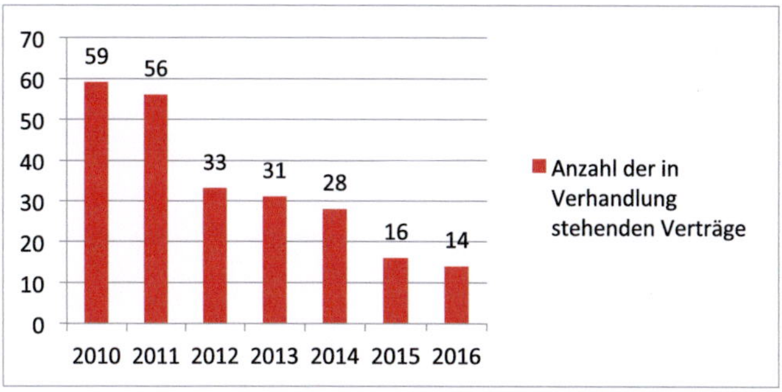

Abb. 2.2: SAPV-Verträge in Verhandlung (vgl. GKV-SV, 2017, S. 11)

Daraus lässt sich folgern, dass die SAPV inzwischen in fast allen Landkreisen und kreisfreien Städten verfügbar ist. Die entsprechende Entwicklung des Versorgungsumfangs in Deutschland kann der Abb. 2.3 entnommen werden. Die Zunahme der dunkelblau gefärbten Landkreise zeigt, dass die SAPV nunmehr fast überall verfügbar ist.

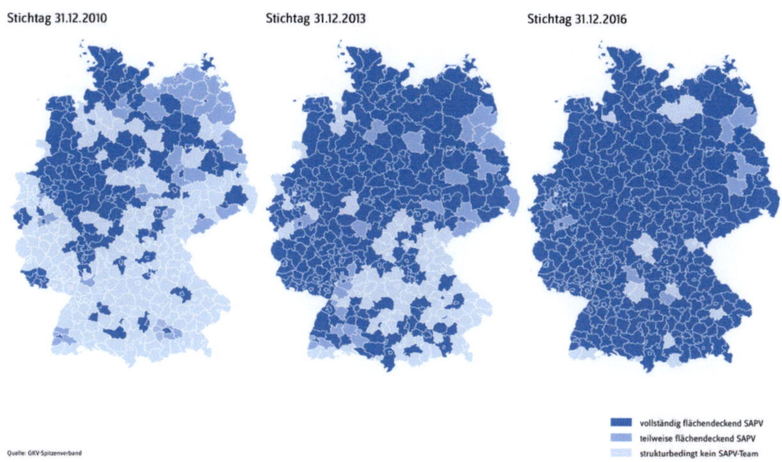

Abb. 2.3: Entwicklung der vertraglichen Abdeckung mit SAPV (vgl. GKV-SV, 2017, S. 28)

2.2 Auswirkungen der SAPV

Nachfolgend soll dargelegt werden, an welchen Orten Menschen sterben wollen und wo sie tatsächlich versterben. Statistische Informationen zu den präferierten und den tatsächlichen Sterbeorten liegen jedoch nicht vor. Der Frage, ob die SAPV auch die ihr gesetzten Ziele erfüllt, wird ebenfalls in diesem Kapitel nachgegangen.

2.2.1 Präferierte und tatsächliche Sterbeorte

Auf Basis einer Zusammenführung mehrerer Studien haben Sauer, Müller und Rothgang festgestellt, dass sich in Deutschland 66 % bis 92 % der Bevölkerung wünschen, in der häuslichen Umgebung versterben zu können. Diese Präferenz tritt insbesondere bei Menschen mit häufigem Familienkontakt auf (vgl. Sauer et al., 2013, S. 169). Im Rahmen einer weiteren Studie von Escobar Prinzon et al. wurden 5.000 Adressen von Bewohnerinnen und Bewohnern aus Rheinland-Pfalz ausgewählt, die zwischen Mai und August 2008 verstorben sind. Ein Fragebogen wurde an ihre letzte Adresse versandt und sollte durch die Hinterbliebenen ausgefüllt werden. Dabei wurden 3.833 Haushalte befragt. Die Rücklaufquote lag bei 36 %, einbezogen wurden 1.377 Personen. Die Ergebnisse zeigen, dass 93,8 % der Verstorbenen und 80,7 % der hinterbliebenen Familienangehörigen für die jeweiligen Verstorbenen das Versterben im häuslichen Umfeld bevorzugten. Folglich ist der Wunsch nach einem institutionalisierten Tod – in Krankenhäusern oder Pflegeeinrichtungen – in beiden Gruppen gering ausgeprägt (vgl. Escobar Prinzon et al., 2013, S. 856).

Thönnes und Jakoby weisen ebenso darauf hin, dass 80–90 % der Menschen bevorzugen, zu Hause zu sterben (vgl. Thönnes/Jakoby, 2011, S. 336). Im Rahmen einer im Jahr 2009 durchgeführten Literaturrecherche wurden zwölf Studien aus Australien, den USA, England, Irland, Taiwan, Italien und Kanada identifiziert, die die präferierten und tatsächlichen Sterbeorte untersuchten. Hinsichtlich der Ergebnisse ist einschränkend anzumerken, dass die zwölf identifizierten Studien im Rahmen dieser Übersicht aufgrund einer unterschiedlichen Ausgangsdefinition sowie unterschiedlichen Datenumfangs und -qualität nur eingeschränkt miteinander verglichen werden können. Als ein Ergebnis kann dennoch in elf von zwölf Studien festgestellt werden, dass das häusliche Umfeld als Sterbeort in den meisten Ländern präferiert wird. Nur in einer Studie aus Australien wurde das Hospiz mit 38 % im Vergleich zur Häuslichkeit mit 35 % präferiert (vgl. Bell et al., 2009, S. 482 ff.).

Im Rahmen einer weiteren Studie zu den präferierten Sterbeorten wurden Telefoninterviews bei zufällig ausgewählten Menschen durchgeführt. Dabei wurde nach den präferierten Sterbeorten bei einer theoretisch fortgeschrittenen Krebserkrankung gefragt. Die Studie wurde in Deutschland, England, Belgien, Italien, den Niederlanden, Portugal sowie in Spanien durchgeführt. Über alle Länder hinweg wünschten sich 64–84 % der Befragten zu Hause zu versterben (vgl. Gomes et al., 2012, S. 2008 f.).

Auch dem im Jahr 2016 erschienenen Pflegereport der DAK-Gesundheit ist zu entnehmen, dass 60 % der Bevölkerung zu Hause versterben möchten. Lediglich 16 % wünschen in einem Hospiz, 4 % in einem Krankenhaus und 2 % in einem Pflegeheim zu versterben. 19 % haben keine Präferenzen zum Sterbeort. Neben den Betroffenen selbst präferierten ebenfalls die pflegenden Angehörigen ein Sterben des Pflegebedürftigen in der häuslichen Umgebung (vgl. Klie, 2016, S. 6). Diese Ergebnisse werden auch in einer aktuellen Befragung des Deutschen Hospiz- und PalliativVerbands e. V. aus dem Jahr 2017 bestätigt. Demnach möchten 56 % der Befragten zu Hause versterben (vgl. DHPV, 2017).

Zusammenfassend ergeben alle vorgenannten Publikationen, dass die häusliche Umgebung als Sterbeort favorisiert wird. Es handelt sich um verschiedene Studien mit unterschiedlichen Untersuchungsdesigns, die bezogen auf Deutschland in unterschiedlichen Bundesländern durchgeführt wurden. Kritisch anzumerken ist, dass in den Studien teilweise Menschen zum gewünschten Sterbeort befragt wurden, die sich zum Zeitpunkt der Befragung in keiner palliativen Situation befanden und sich daher mit dem belastenden Thema und seinen schwierigen Facetten möglicherweise nicht ausreichend beschäftigt haben.

Obwohl die meisten Patientinnen und Patienten zu Hause sterben möchten, sieht die Realität anders aus: Die meisten Patientinnen und Patienten versterben in Institutionen wie Krankenhäusern. In Tab. 2.3 werden die in den Studien dargestellten präferierten Sterbeorte den tatsächlichen Sterbeorten gegenübergestellt. Es werden ausschließlich Studien betrachtet, die neben dem gewünschten Sterbeort auch den tatsächlichen Sterbeort erhoben haben.

Tab. 2.3: Gewünschte und tatsächliche Sterbeorte

Studie	Publikationsjahr	Wunsch, zu Hause zu versterben	tatsächlicher Sterbeort eigene Häuslichkeit	Bemerkung
Schneider et al.	2011	68,6 %	(81,5 %)[4]	Die Studie untersucht die Wirksamkeit von SAPV (vgl. Kap. 2.2.2). Der tatsächliche Sterbeort kann daher unter Einbezug der SAPV erreicht werden.
Thönnes/Jakoby	2011	80–90 %	20–30 %	Fachpublikation auf Grundlage einer Literaturrecherche
Escobar Prinzon et al.	2013	93,8 %	58,3 %	Befragung per Fragebogen in Rheinland-Pfalz
Sauer et al.	2013	66–92 %	29 %	Fachpublikation auf Grundlage einer Literaturrecherche und der GEK-Routinedaten
DHPV	2017	58 %	< 50 %	Befragung von 1.015 Personen; die Zahlen der tatsächlichen Sterbeorte resultieren aus einer Literaturrecherche.

Zusammenfassend kann auf der Grundlage der genannten Studien und Publikationen festgestellt werden, dass der überwiegende Teil der Menschen zu Hause versterben möchte, dies aber in vielen Fällen nicht gelingt. Die Gründe dafür sind vielschichtig und sollen im folgenden Abschnitt diskutiert werden.

4 unter SAPV-Einbezug

2.2.2 Sterbeorte unter SAPV

Die SAPV wurde mit dem Ziel eingeführt, den Betroffenen ein Versterben in der vertrauten häuslichen Umgebung zu ermöglichen (vgl. Handbuch SGB V, 2009, S. 81). Der Sterbeort wird oftmals als Qualitätskriterium einer Versorgung am Lebensende herangezogen (vgl. Sauer et al., 2013, S. 169 f.). Voraussetzung für ein Versterben in der Häuslichkeit ist eine gute Kontrolle der Symptomatik.

Bisher gibt es zur Wirksamkeit der SAPV wenige Studien. Insbesondere in Bayern wurden hierzu in den Jahren 2011 und 2014 zwei größere Studien durchgeführt. Dabei wurde festgestellt, dass SAPV-Leistungen meistens durch den Tod der Patientin oder des Patienten und weniger durch Verlegungen oder durch eine Besserung des Gesundheitszustands beendet werden. So war eine Versorgung durch ein SAPV-Team bei 83,6 % der dokumentierten Fälle bis zum Tod möglich. In 7,1 % der Fälle erfolgte eine Verlegung beispielsweise in ein Krankenhaus. In 6,4 % der Fälle konnte die Symptomatik vorübergehend stabilisiert werden, sodass eine SAPV nicht mehr notwendig war. Die in Bayern befragten SAPV-Leistungserbringer gaben an, dass die überwiegende Mehrheit der versorgten Patientinnen und Patienten zu Hause versterben konnte, während 8 % der Patientinnen und Patienten in ein Krankenhaus verlegt wurden und dort verstorben sind (vgl. Schneider et al., 2011, S. 57 f.). Die Ergebnisse werden in Abb. 2.4 grafisch dargestellt.

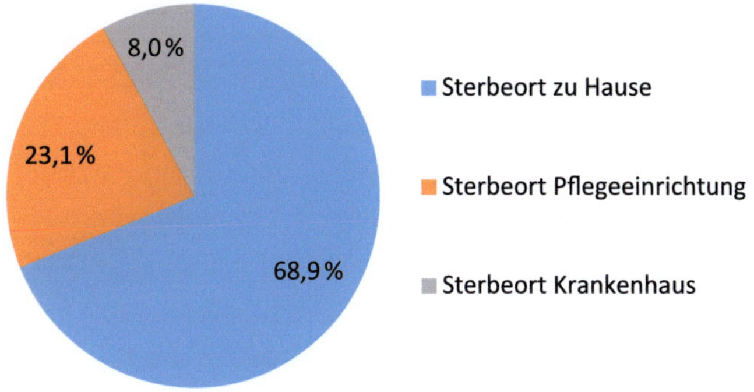

Abb. 2.4: Sterbeorte unter SAPV (vgl. Schneider et al., 2011, S. 57)

Als Quintessenz kann daher festgehalten werden, dass die meisten Menschen unter SAPV in der Häuslichkeit versterben konnten (vgl. Schneider et al., 2011, S. 57 ff.). Diese Ergebnisse werden durch die Nachfolgestudie zu den Struktur- und Prozesseffekten der SAPV in Bayern aus dem Jahr 2014 im Wesentlichen bestätigt. Demnach versterben unter SAPV 66,3 % zu Hause, 18,2 % in einer Pflegeeinrichtung, 6,1 % im Krankenhaus und 5,5 % auf einer Palliativstation (vgl. Schneider et al., 2014, S. 53 f.). Auch andere Erhebungen kommen zu dem Ergebnis, dass die meisten Patientinnen und Patienten mit SAPV in der häuslichen Umgebung sterben können. So konnte eine Erhebung aus dem Raum München zeigen, dass nur 8,6 % der SAPV-Patientinnen und -Patienten in ein Krankenhaus eingewiesen werden mussten (vgl. Vyhnalek et al., 2011, S. 44).

Die Autorinnen und Autoren der bayrischen Studie aus dem Jahr 2011 haben außerdem den Zusammenhang zwischen dem Sterbeort und der Wohnsituation der Menschen untersucht. Ziel war es herauszufinden, inwieweit die Wohnsituation den Sterbeort beeinflusst. Dabei ergaben die Ergebnisse der Befragung, dass 95,8 % der Pflegeheimbewohnerinnen und -bewohner, die SAPV erhalten, auch in der Pflegeeinrichtung versterben konnten. Von den SAPV-Patientinnen und -patienten, die bei Angehörigen lebten, konnten 85,3 % zu Hause sterben. Von den allein lebenden Patienten sind 61 % zu Hause verstorben (vgl. Schneider et al., 2011, S. 61).

Die vorgenannten Ergebnisse zeigen somit, dass der Verbleib von sterbenden und schwerstkranken Menschen in der Häuslichkeit – zu der auch die stationäre Pflegeeinrichtung gehört, in der die Bewohnerinnen und Bewohner teils schon längere Zeit leben – durch die SAPV grundsätzlich ermöglicht werden kann. Dieses Ergebnis wird auch durch die im Jahr 2014 von Schneider et al. durchgeführte Studie zu den Struktur- und Prozesseffekten der SAPV in Bayern bestätigt. Verlegungen in ein Krankenhaus waren nur in wenigen Fällen notwendig oder erwünscht. Mithilfe der SAPV konnten 62 % der allein lebenden Patientinnen und Patienten zu Hause versterben (vgl. Schneider et al., 2014, S. 55). Auch Notarzteinsätze konnten unter SAPV bei fast allen dokumentierten SAPV-Fällen im Untersuchungszeitraum in Bayern vermieden werden (vgl. Schneider et al., 2011, S. 63). Damit entspricht die SAPV-Praxis dem Auftrag des Gesetzgebers.

Damit die vom Gesetzgeber intendierten Ziele erreicht werden können, wirkt die SAPV auf drei verschiedenen Ebenen: Die speziellen Versorgungsprozesse ermöglichen ein Sicherheitsversprechen mit der Verfügbarkeit von qualifizierten Pflegefachkräften, Ärztinnen und Ärzten rund um die Uhr. In Notfällen kann das SAPV-Team verständigt werden, sodass der Ruf nach einem Notarzt, der im Zweifelsfall immer eine Krankenhauseinweisung aussprechen würde, nicht erforderlich wird. Weiter trägt das SAPV-Team durch die Kontrolle von Symptomatiken zu einer Deeskalation des Symptomgeschehens und damit zur Steigerung der Lebensqualität am Lebensende bei, wovon auch die Angehörigen profitieren. Die Symptomlinderung gelingt durch eine Koordination der Zusammenarbeit mit anderen Leistungserbringern im Sinne einer Vernetzung sowie der engen Absprache zwischen Ärztinnen und Ärzten und Pflegefachkräften, die zusammen in einem Team arbeiten und eine ganzheitliche Sichtweise vertreten. So können neben körperlichen auch psychische und psychosoziale Aspekte durch die Organisation von Seelsorge und ambulanten Hospizdiensten in den Blick genommen werden. Außerdem passt sich das SAPV-Team, so weit es möglich ist, an den Alltagsablauf der schwerkranken Patientinnen und Patienten sowie deren Angehörigen an, sodass der institutionelle Charakter des SAPV-Teams in den Hintergrund rückt (vgl. Schneider et al., 2011, S. 88 ff.).

2.3 Diskussion der Ergebnisse

Die Ergebnisse zeigen u. a., dass die SAPV zehn Jahre nach der gesetzlichen Einführung bundesweit fast überall verfügbar ist. Eine Bedarfsanalyse, wie viel SAPV-Teams bundesweit erforderlich sind, liegt bisher nicht vor. Die Zahlen aus dem Gesetzgebungsverfahren, dass 10 % der Sterbenden SAPV benötigen oder auf 250.000 Einwohner ein SAPV-Team mit acht Vollzeitkräften zu kommen hat, entsprechen Schätzungen, die nicht wissenschaftlich validiert wurden. Für eine Bedarfsabschätzung sollte die konkrete individuelle Situation mit Blick auf die Bevölkerungsdichte, die Siedlungsstruktur und die verbundenen Anfahrtswege, die demografische Entwicklung sowie die bestehenden Strukturen Berücksichtigung finden.

So könnte möglicherweise der Bedarf für ein SAPV-Team in einer bestimmten Region nicht bestehen, obwohl die Voraussetzungen hinsichtlich der Einwohnerzahlen vorliegen, weil seit Jahren bereits ein stationäres Hospiz und/oder eine Palliativstation in einem Krankenhaus existiert, welche hervorragend regional vernetzt sind und die palliative Versorgung erbringen. Da das regionale Netzwerk in diesem Fall gut funktioniert, würde ein SAPV-Team möglicherweise gar nicht genug Patientinnen und Patienten versorgen können, um wirtschaftlich arbeiten zu können. Daher ist für jede Region im Einzelfall zu prüfen, ob überhaupt und wie viele SAPV-Teams benötigt werden.

Die gesetzliche Zielsetzung der SAPV ist es, den Menschen zu ermöglichen, in der häuslichen Umgebung versterben zu können. Die im Rahmen der Literaturrecherche identifizierten Studien zeigen deutlich, dass die SAPV den Sterbeort beeinflussen kann und dazu beiträgt, dass Menschen in ihrer eigenen Häuslichkeit aus dem Leben scheiden können. Allerdings ist die Repräsentativität für dieses Ergebnis insoweit eingeschränkt, als keine bundesweiten öffentlichen Zahlen vorliegen. Auch Studien zur Versorgungsqualität der SAPV - vor allem bezogen auf das gesamte Bundesgebiet - sind nicht verfügbar (vgl. Groh et al., 2013, S. 853). Insbesondere aus Bayern wurden 2011 und 2014 zwei große Studien zur Wirksamkeit der SAPV erstellt. Aus anderen Bundesländern lagen zum Zeitpunkt der Recherche Ergebnisse aus kleineren Studienpopulationen vor, die aber nicht allgemeinverbindlich auf die gesamte Bundesrepublik übertragen werden können. Das liegt daran, dass die SAPV je nach Bundesland z. T. unterschiedlich umgesetzt wird. Insbesondere in Berlin und in Teilen von Nordrhein-Westfalen gibt es andere Umsetzungsmodelle der SAPV unter Beteiligung der Kassenärztlichen Vereinigung. In Berlin werden die Patientinnen und Patienten an einen Palliativarzt überwiesen, der mit einem Pflegedienst kooperiert. Folglich ist die SAPV in Berlin weniger als Teamleistung konzipiert, sondern eher arztzentriert aufgebaut.

Nicht beurteilt werden kann, ob die Art und Weise der Umsetzung der SAPV in den einzelnen Bundesländern Auswirkungen auf den Sterbeort sowie die Krankenhauseinweisung bei Palliativpatientinnen und -patienten hat, welche der unterschiedlichen SAPV-Umsetzungsmodelle am erfolgreichsten sind und ob es Unterschiede mit Blick auf die Wirksamkeit gibt. Jedoch kann festgehalten werden, dass die SAPV in einigen Bundesländern positive Effekte bezüglich des gewünschten Sterbeorts nachweisen kann und Krankenhauseinweisungen sowie Notarzteinsätze am Lebensende reduziert bzw. vermieden werden konnten.

Die SAPV ist auf funktionierende Strukturen im Haushalt der Patientinnen und Patienten angewiesen, da ein SAPV-Team nicht regelhaft über den gesamten Versorgungszeitraum von 24 Stunden am Tag im Haushalt anwesend sein kann. In der ambulanten Versorgung von schwerstkranken Menschen ist der Einbezug von Angehörigen trotz professioneller Versorgung daher besonders wichtig.

Letztendlich bedarf es eines breiten gesundheitspolitischen Konsenses, um zu klären, nach welchen Kriterien die Versorgungsqualität der SAPV gemessen werden kann. Wann ist eine SAPV erfolgreich und wann ist sie es nicht? Ist der Anknüpfungspunkt des Sterbeorts, auf den sich der Gesetzgeber und auch diverse im Rahmen des vorliegenden Beitrags betrachtete Studien beziehen, geeignet, um die Wirkung der SAPV zu messen? Anders als bei Fragen zur Wirksamkeit einer medizinischen Intervention (z. B. eines Medikaments) kann die Wirksamkeit von SAPV nicht nur objektiv gemessen werden. Die SAPV ist nicht einfach nur eine Dienstleistung, sondern – und das ist das Wesen der Palliativversorgung – eine Patientenversorgung von schwerkranken Menschen, die basierend auf den individuellen Bedürfnissen der Patientinnen und Patienten erbracht wird. So ist nicht jede Einweisung in ein Krankenhaus per se ein Scheitern der SAPV. Der Sterbeort „Krankenhaus" könnte einerseits bei Patientinnen und Patienten in der SAPV auf ein Misslingen der häuslichen Versorgung hinweisen. Andererseits könnte die Einweisung in ein Krankenhaus auch gewünscht sein, nachdem eine Versorgung in der häuslichen Umgebung so lange wie möglich organisiert wurde und durch die Patientinnen und Patienten mit Blick auf die belastende Situation der Angehörigen nicht mehr als die ideale Versorgungsform angesehen wird. Daher ist der Sterbeort als alleiniges Qualitätskriterium einer gelungenen SAPV kritisch zu betrachten, da er den Erfolg einer SAPV nur teilweise beschreiben kann.

Im Vordergrund der zukünftigen Diskussion um den Erfolg der SAPV sollten vielmehr die präzisen Wünsche der Betroffenen stehen. Ein wesentlicher Aspekt der SAPV ist die Befreiung von Symptomen und vom Leid. Die SAPV kann mit ihrer spezifischen palliativmedizinischen und palliativpflegerischen Kompetenz wesentlich dazu beitragen, möglichst lange und schmerzfrei in der eigenen Häuslichkeit bleiben zu können. Der Erfolg der SAPV kann daher auch darin begründet sein, den Betroffenen so lange wie möglich das Leben in der häuslichen Umgebung zu ermöglichen.

Die Frage, ob die SAPV den Wünschen der Patientinnen und Patienten entsprach und die Krankenhauseinweisung trotz SAPV letztendlich von der Patientin bzw. dem Patienten gewünscht oder unvermeidbar wurde, ist empirisch nur schwer nachweisbar. Aufgrund der Tatsache, dass sich die Betroffenen in der SAPV in einer dem Tode nahestehenden Situation befinden, sind direkte Befragungen der Patientinnen und Patienten schwer durchführbar und oftmals auch zu belastend. Daher kommen hierfür fast nur Befragungen von Angehörigen vor oder nach dem Tod der Patientin bzw. des Patienten in Betracht. Es könnte erhoben werden, ob die SAPV den Wünschen der Patientinnen und Patienten entsprach und warum ggf. eine Einweisung in ein Krankenhaus bzw. auf eine Palliativstation erfolgte. Allerdings stellt sich die Frage, ob durch Angehörige immer der vollständige Wille der Patientinnen und Patienten aufklärbar ist. Zur Messung von Versorgungsqualität bedarf es neben den Anknüpfungspunkten „Sterbeort“ und „Krankenhauseinweisungen“ daher eines weiteren Kriteriums, wie beispielsweise der Lebensqualität, welches unter wissenschaftlichen Gesichtspunkten entwickelt werden müsste. Insbesondere im Bereich der Palliativversorgung geht es bezüglich der Qualität der Versorgung neben medizinisch-pflegerischen Aspekten auch darum, dass die Betroffenen eine hohe Lebensqualität haben und ihren Wünschen entsprechend versorgt werden. Daher sollte dieser Aspekt Teil der erforderlichen Diskussionen sein.

In Bezug auf Krankenhäuser als Sterbeorte wird darauf hingewiesen, dass der Gesetzgeber in den letzten Jahren diverse Anstrengungen unternommen hat, um die Versorgung am Lebensende auch dort zu verbessern. So ist die Finanzierung von Palliativstationen nach § 17b Abs. 1 KHG auf

Antrag des Krankenhauses außerhalb des DRG-Systems im Rahmen von krankenhausindividuellen Zusatzentgelten möglich. Dadurch verspricht sich der Gesetzgeber größere Anreize für den Krankenhausträger, eine Palliativstation zu eröffnen, um die spezialisierte stationäre Palliativversorgung zu stärken. Um neben der spezialisierten Palliativversorgung auch die allgemeine Palliativversorgung in Krankenhäusern zu verbessern, erhalten Krankenhäuser nach § 17b Abs. 1 KHG die Aufwendungen für einen Palliativdienst refinanziert. Dieser Aspekt ist aktuell Gegenstand von Budgetverhandlungen. Diese Maßnahmen zeigen, dass in den letzten Jahren Anstrengungen unternommen wurden, um die Versorgung am Lebensende in Krankenhäusern zu stärken. Auch die Autoren Thönnes und Jakoby stellen in einer bereits älteren Publikation zu den Sterbeorten in Deutschland dar, dass das Krankenhaus als Sterbeort in der öffentlichen Diskussion zu negativ besetzt ist. Da es aktuell keine normative Bewertung zu „guten" und „schlechten" Sterbeorten gibt, kann das Krankenhaus nicht per se als „schlechter" Sterbeort eingestuft werden. Auch die z. T. in der öffentlichen Diskussion vorgetragene Argumentation, dass das Sterben in Institutionen wie einem Krankenhaus ein Beleg für die Verdrängung des Sterbens an sich ist, indem sterbende Menschen an Institutionen „abgegeben" werden, wird von den Autoren negiert. Vielmehr könne das Sterben in Institutionen aus Sicht der vorgenannten Autoren auch ein Beleg für eine gesellschaftliche Öffnung sein, um die Themen Sterben und Tod neu zu diskutieren (vgl. Thönnes/Jakoby, 2011, S. 336). Auch die vorgenannten Argumentationen sprechen dafür, dass der Sterbeort als Qualitätskriterium für eine SAPV um zusätzliche Kriterien erweitert werden sollte.

Die vorherigen Ausführungen sollten nicht dahingehend missverstanden werden, dass der Sterbeort als Kriterium für den Erfolg einer SAPV bzw. zur Darstellung der Auswirkungen der SAPV auf die Versorgung gänzlich ungeeignet ist. Aber es fehlt an ausreichend wissenschaftlich belastbaren Daten, worin konkret die Gründe liegen, dass Menschen – mit oder ohne SAPV – häufig im Krankenhaus versterben. Zu untersuchen wäre, ob eine Krankenhauseinweisung situationsbedingt notwendig wurde, beispielsweise aufgrund von Atemnot, oder ob eine Verlegung dem Wunsch der Patientin bzw. des Patienten entsprochen hat.

Ungeachtet dessen ist anzuerkennen, dass es in der Bevölkerung zweifellos eine hohe Präferenz gibt, in der eigenen Häuslichkeit zu versterben. Daher sollten die Strukturen der gesundheitlichen Versorgung auch zukünftig so angepasst werden, dass diesem Wunsch Rechnung getragen werden kann. Hierfür hat der Gesetzgeber mit der SAPV die Weichen gestellt.

Die Frage, ob durch die SAPV nachweislich und kausal Krankenhauseinweisungen vermieden werden, ist nicht eindeutig zu beantworten. Hierzu wäre es notwendig, einen Kausalzusammenhang zwischen der SAPV-Behandlung und der Krankenhauseinweisung herzustellen bzw. hochzurechnen, wie viele Krankenhauseinweisungen durch die SAPV vermieden werden konnten. Diese Fragen können nicht durch GKV-Routinedaten beantwortet werden, da diese Daten die Kausalität zwischen SAPV und der Vermeidung von Krankenhausaufenthalten nicht belegen. Die Herstellung eines statistisch signifikanten Zusammenhangs zwischen dem Sterbeort, der Krankenhauseinweisung bei Palliativpatientinnen und -patienten sowie dem Vorhandensein von SAPV-Versorgungsstrukturen könnte Gegenstand zukünftiger Forschungsprojekte sein.

2.4 Ausblick

Derzeit gibt es im Bereich der SAPV große strukturelle Veränderungen, zum einen aufgrund dessen, dass durch die Mittel des Innovationsfonds drei Projekte gefördert werden, die konkret die Umsetzung der SAPV – einschließlich eines möglichen Weiterentwicklungsbedarfs – zum Inhalt haben (Stand Februar 2019, vgl. G-BA, o. J.).

Zum anderen sind mit dem zum 01.01.2019 in Kraft getretenen Pflegepersonal-Stärkungsgesetz Änderungen im Bereich der SAPV, die Auswirkungen auf die Umsetzung und möglicherweise auf die Wirkungsweise haben könnten, gesetzlich verfügt worden.

So ist vorgesehen, die SAPV aus dem Vergabeverfahren zu nehmen und den Kontrahierungszwang in diesem Bereich einzuführen. Eine Bedarfsabschätzung für den Abschluss von neuen Verträgen entfällt nach der neuen Rechtslage. Zudem sollen die Empfehlungen des GKV-Spitzenverbands nach § 132d Abs. 2 SGB V durch einen Bundesrahmenvertrag ersetzt werden, der gemeinsam mit den maßgeblichen Spitzenorganisationen der Hospizarbeit und Palliativversorgung auf Bundesebene zu schließen ist (vgl. BMG, 2018a, S. 34 f.). Dieser Bundesrahmenvertrag wäre - anders als die bisherigen Empfehlungen - verbindlich und hat als Ziel, die bundesweiten Strukturen im Bereich der SAPV stärker zu vereinheitlichen. Bundesweit einheitliche Strukturen wären auch mit Blick auf die oben genannten Probleme hinsichtlich der Bewertung der SAPV aufgrund unterschiedlicher Umsetzungswege zu begrüßen. Ob der nun auszuarbeitende Bundesrahmenvertrag ein besseres Versorgungsniveau ermöglicht oder ob im Sinne des kleinsten gemeinsamen Nenners zwischen den Selbstverwaltungspartnern die SAPV abgewertet wird, indem die Qualifikationsanforderungen an die im SAPV-Team tätigen Ärztinnen und Ärzte sowie Pflegefachkräfte abgesenkt werden, bleibt jedoch abzuwarten. Wichtig ist, dass bei der SAPV keine Abstriche gemacht werden, indem Qualifikationsanforderungen an die im SAPV-Team arbeitenden Ärztinnen und Ärzte sowie Pflegefachkräfte abgesenkt werden. Würden signifikante Absenkungen der Qualifikationsanforderungen erfolgen, könnte die SAPV die in sie gesetzten Ziele womöglich nicht mehr erfüllen. Die SAPV hätte im Vergleich zur allgemeinen ambulanten Palliativversorgung - u. a. Pflegedienste und Vertragsärzte - weniger Mehrwert, da sich die Qualifikationsanforderungen und damit die Möglichkeiten der einzelnen Teammitglieder von den Mitarbeitenden der anderweitigen Versorgungsstrukturen je nach Ausgestaltung nur noch wenig unterscheiden würden.

Letztendlich sind die aktuellen strukturellen Unterschiede im Bereich der SAPV in den einzelnen Bundesländern auch darin begründet, dass der Gesetzgeber den Aufbau der SAPV unter Einbezug der seinerzeit vorhandenen Strukturen ausdrücklich wünscht. Da die Ausgangsbedingungen in den jeweiligen Bundesländern aber unterschiedlich sind, weisen auch die SAPV-Strukturen z. T. regional verschiedene Umsetzungsformen auf. Das Rad jetzt wieder zurückzudrehen, ohne dabei die SAPV in einigen Ländern abzuwickeln und neu aufzubauen, wird unmöglich sein.

Die Herausnahme der SAPV aus dem europäischen Vergabeverfahren ist grundsätzlich zu begrüßen, da ein Ausschreibungsverfahren mehrere rechtliche Fragen aufgeworfen hätte. In Zukunft sollen alle SAPV-Teams, die die Voraussetzungen erfüllen, einen Vertrag erhalten. Die Einführung des Kontrahierungszwangs in der SAPV kann negative Auswirkungen auf die flächendeckende Umsetzung der SAPV haben. Bisher können Krankenkassen im Rahmen ihres gesetzlichen Auftrags steuernd eingreifen, indem Verträge nur nach Bedarf geschlossen werden. Wenn sich die Leistungserbringer zukünftig den Ort aussuchen können, den sie versorgen möchten, besteht die Gefahr, dass Ballungsgebiete über- und Flächenregionen unterversorgt werden. Diese Entwicklung kann auch in anderen Leistungsbereichen der GKV beobachtet werden. Daher bleibt abzuwarten, welche Entwicklung diese neue gesetzliche Vorgabe im Sinne der Schwerkranken nehmen wird.

Literatur

Becka, D./Riese, A./Rychlik, R./Huenges, B. et al. (2014). *Stand der hausärztlichen Palliativversorgung in Deutschland. Ein systematischer Literaturreview.* Deutsche Medizinische Wochenschrift, 139 (44), S. 2254–2258.

Bell, C./Somogyi-Zalud, E./Masaki, K. H. (2009). *Methodological review: measures and reported congruence between preferred and actual place of death.* Palliative Medicine, 23 (482), S. 482–490.

BMG – Bundesministerium für Gesundheit (2019a). *Gesetzliche Krankenversicherung. Vorläufige Rechnungsergebnisse 1.–4. Quartal 2018.* https://www.bundesgesundheitsministerium.de/fileadmin/Dateien/3_Downloads/Statistiken/GKV/Finanzergebnisse/KV45_1-4_Quartal_2018_Internet.pdf (10.03.2019).

BMG – Bundesministerium für Gesundheit (2019b). *Abrechnungsfälle der KG 3 2017.* https://www.bundesgesundheitsministerium.de/fileadmin/Dateien/3_Downloads/Statistiken/GKV/Geschaeftsergebnisse/KG3_2017.pdf (08.02.2019).

BMG – Bundesministerium für Gesundheit (2018a). *Gesetzentwurf der Bundesregierung. Entwurf eines Gesetzes für schnellere Termine und bessere Versorgung (Terminservice- und Versorgungsgesetz – TSVG).* https://www.bundesgesundheitsministerium.de/fileadmin/Dateien/3_Downloads/Gesetze_und_Verordnungen/GuV/T/Kabinettvorlage_Gesetzesentwurf_TSVG.pdf (29.09.2018).

BMG – Bundesministerium für Gesundheit (2018b). *Gesetzliche Krankenversicherung. Endgültige Rechnungsergebnisse 2017.* https://www.bundesgesundheitsministerium.de/fileadmin/Dateien/3_Downloads/Statistiken/GKV/Finanzergebnisse/KJ1_2017_Internet.pdf (15.03.2019).

Cremer-Schaeffer, P./Radbruch, L. (2012). *Palliativversorgung im Blickwinkel gesetzlicher und regulatorischer Vorgaben in Deutschland.* Bundesgesundheitsblatt, 55, S. 231–237.

DHPV - Deutscher Hospiz- und PalliativVerband e. V. (2017). *Wissen und Einstellungen der Menschen in Deutschland zum Sterben – Ergebnisse einer repräsentativen Bevölkerungsbefragung im Auftrag des DHPV.* https://www.dhpv.de/tl_files/public/Aktuelles/presseerklaerungen/3_ZentraleErgebnisse_DHPVBevoelkerungsbefragung_06102017.pdf (29.09.2018).

Escobar Prinzon, L./Claus, M./Zepf, K./Letzel, S. et al. (2013). *Sterben in Rheinland-Pfalz: Gewünschter und tatsächlicher Sterbeort.* Gesundheitswesen, 75, S. 853–858.

Deutscher Bundestag (2006). *Gesetzentwurf der Fraktionen der CDU/CSU und SPD. Entwurf eines Gesetzes zur Stärkung des Wettbewerbs in der gesetzlichen Krankenversicherung (GKV-Wettbewerbsstärkungsgesetz – GKV-WSG).* http://dipbt.bundestag.de/doc/btd/16/031/1603100.pdf (03.12.2018).

G-BA - Gemeinsamer Bundesausschuss (o. J.). *Geförderte Projekte Versorgungsforschung. Evaluation der SAPV-Richtlinie des G-BA.* https://innovationsfonds.g-ba.de/projekte/versorgungsforschung/ (08.02.2019).

G-BA - Gemeinsamer Bundesausschuss (2016). *Bericht an das Bundesministerium für Gesundheit über die Umsetzung der SAPV-Richtlinie für das Jahr 2016.* https://www.g-ba.de/downloads/17-98-4474/Bericht-Evaluation-SAPV-2016.pdf (29.09.2018).

GKV-SV - GKV-Spitzenverband (2017). *Bericht des GKV-Spitzenverbandes zur Palliativversorgung.* https://www.gkv-spitzenverband.de/media/dokumente/krankenversicherung_1/hospiz_palliativversorgung/20171208_Bericht_GKV-SV_Palliativversorgung.pdf (29.09.2018).

Gomes, B./Higginson, I./Calanzani, N./Cohen, J. et al. (2012). *Preferences for place of death if faced with advanced cancer: a population survey in England, Flanders, Germany, Italy, the Netherlands, Portugal and Spain.* Annals of Oncology, 23 (8), S. 2006–2015.

Groh, G./Vyhnalek, B./Feddersen, B./Führer. M. et al. (2013). *Effectiveness of a Specialized Outpatient Palliative Care Service as Experienced by Patients and Caregivers.* Journal of Palliative Medicine, 16 (8), S. 848–856.

Gröhe, H./Widmann-Mauz, A./Spahn, J./Zeulner, E. et al. (2014). *Verbesserung der Hospiz- und Palliativversorgung in Deutschland.* https://www.bundesgesundheitsministerium.de/fileadmin/Dateien/3_Downloads/H/Verbesserung_hospiz-palliativversorgung_101114.pdf (15.11.2018).

Handbuch SGB V (2009). *Sozialgesetzbuch V mit Begründungen durch folgende Änderungen.* 15. Auflage, Altöttingen: KKF-Verlag.

Klie, T. (2016). *Pflegereport 2016. Palliativversorgung: Wunsch, Wirklichkeit und Perspektiven.* https://www.dak.de/dak/download/dak-pflegereport-2016-1851234.pdf (28.11.2018).

Sauer, S./Müller, R./Rothgang, H. (2013). *Institutionalisiertes Sterben in Deutschland. Trends in der Sterbeortverteilung: zu Hause, Krankenhaus und Pflegeheim.* Zeitschrift für Gerontologie und Geriatrie, 48, S. 169–175.

Schneider, W./Eichner, E./Thoms, U./Kopitzsch, F. et al. (2014). *Struktur- und Prozesseffekte der SAPV in Bayern – Evaluation/Qualitätssicherung und (Aus-) Wirkungen der SAPV und AAPV (unter besonderer Berücksichtigung des ländlichen Raums). Ergebnisbericht.* https://www.philso.uni-augsburg.de/lehrstuehle/soziologie/sozio3/interne_medien/schneider/SAPV-II_Endbericht.pdf (03.12.2018).

Schneider, W./Eschenbruch, N./Thoms, U./Eichner, E. et al. (2011). *Wirksamkeit und Qualitätssicherung in der SAPV-Praxis – Eine explorative Begleitstudie. Ergebnisbericht.* https://www.philso.uni-augsburg.de/lehrstuehle/soziologie/sozio3/forschung/pdfs/SAPV-I_Endbericht.pdf (03.12.2018).

Thönnes, M./Jacoby, N. R. (2011). *Wo sterben Menschen? Zur Frage des Sterbens in Institutionen.* Zeitschrift für Gerontologie und Geriatrie, 44, S. 336–339.

Vyhnalek, B./Heilmeier, B./Borasio G. (2011). *Ein Jahr Spezialisierte Ambulante Palliativversorgung (SAPV) im städtischen Ballungsraum.* MMW – Fortschritte der Medizin, 41 (2), S. 41–46.

3 Controlling im ländlichen Klinik-MVZ
Instrumente einer effizienten Steuerung

CHRISTIANE VILLAIN

Der Bedarf an ambulanten ärztlichen Leistungen im ländlichen Raum steigt, bei gleichzeitigen Schwierigkeiten, freiwerdende Arztsitze nachzubesetzen. Deshalb können Medizinische Versorgungszentren (MVZ) in Trägerschaft einer Klinik als attraktiver Arbeitgeber und durch die Bündelung von Ressourcen einen wichtigen Beitrag zu einer flächendeckenden, vertragsärztlichen Gesundheitsversorgung leisten. Um die Wirtschaftlichkeit von Klinik-MVZ in ländlichen Räumen sicherzustellen, müssen die Herausforderungen dieser Gebiete identifiziert sowie in die Strategie des MVZ und des Trägers eingebunden werden. Der vorliegende Beitrag gibt zunächst einen Überblick über die Gesundheitsversorgung im ländlichen Raum, zeigt auf der Grundlage einer Literaturrecherche Herausforderungen ländlicher vertragsärztlicher Gesundheitsversorgung auf, leitet strategische Ziele und Maßnahmen ab und stellt exemplarisch Instrumente des Controllings vor, die fortlaufend eine effiziente Steuerung sicherstellen.

In strukturschwachen, ländlichen Gebieten kann ein MVZ als ambulanter Leistungserbringer die Sicherstellung der Gesundheitsversorgung der Bevölkerung unterstützen und einen wichtigen Beitrag dazu leisten, einer Unterversorgung entgegenzuwirken. Die Auswirkungen unzureichender ambulanter ärztlicher Versorgung spüren vor allem ländliche Krankenhäuser durch vermehrte Patientenzugänge in der Notaufnahme (vgl. BDO/DKI, 2014, S. 8). Durch ein MVZ in Trägerschaft einer Klinik und damit einhergehend durch die Bündelung personeller und finanzieller Ressourcen kann im ländlichen Raum die dezentral notwendige Versorgung (hausärztliche Primärversorgung, Notfallversorgung) und darüber hinaus die ambulante und stationäre fachärztliche Versorgung höherwertig und sektorenübergreifend besser koordiniert angeboten werden (vgl. SVR, 2014, S. 136). Die gemeinsame Nutzung von Ressourcen ist sowohl aus ökonomischer als auch aus versorgungsorientierter Perspektive positiv zu bewerten (vgl. SVR, 2012, S. 94). Zusätzlich sind die Arbeitsteilung – wie beispielsweise die Aufteilung von ärztlichen und Managementtätigkeiten - sowie die Spezialisierungsmöglichkeit von Vorteil für den Versorgungsprozess und die Patienten (vgl. SVR, 2012, S. 94).

Die Anzahl von MVZ mit Krankenhäusern als Träger steigt stetig an. Während es im Jahr 2005 noch 84 waren, sind es im Jahr 2015 bereits 910 Klinik-MVZ (vgl. KBV, 2016, S. 3). Die Wirtschaftlichkeit von Klinik-MVZ wird allerdings sehr unterschiedlich eingeschätzt und häufig kritisch gesehen: Geschätzt 80 % aller Klinik-MVZ befinden sich nach zwei Jahren Betriebstätigkeit immer noch in der Verlustzone (vgl. Bredehorst et al., 2009, S. 38). Die Wirtschaftlichkeit erweist sich als sehr heterogen und bewegt sich zwischen 20 % Betriebsgewinn bei Spitzeneinrichtungen bis hin zu Betriebskosten, die über einem Drittel der Einnahmen liegen (vgl. Frielingsdorf, 2016, S. 65).

Um die Erlös- und Kostensituation und somit die Wirtschaftlichkeit zu überwachen und Möglichkeiten der Steuerung aufzuzeigen, kann das Finanzcontrolling eine wichtige Unterstützung bieten. Das Controlling für das Klinik-MVZ sollte die Ziele verfolgen, jederzeit den Überblick über wirtschaftliche Entwicklungen zu behalten, Reserven zu erkennen, Optimierungspotenziale in der Ressourcennutzung aufzuzeigen und Risiken zu identifizieren, um frühzeitig möglichen Schaden abzuwenden (vgl. Frielingsdorf, 2010, S. 31). Darüber hinaus sollte es möglich sein, verschiedenste Szenarien, wie z. B. die Auswirkungen der Aufnahme einer weiteren medizinischen Fachgruppe in das Klinik-MVZ, vorab prüfen zu können (vgl. Kallenberg/Künzel, 2011). Um das Controlling zielführend aufzustellen, müssen zunächst Anforderungen an das Finanzcontrolling im Rahmen der ländlichen Gesundheitsversorgung identifiziert und geeignete Instrumente gefunden werden.

Welche Herausforderungen stellen also ländliche Räume an das ländliche Klinik-MVZ und welches Ziel sollte bei der Gesundheitsversorgung verfolgt werden? Welche Instrumente sind geeignet, Führungskräften die wirtschaftliche Lage des ländlichen Klinik-MVZ aufzuzeigen, um die Steuerung und Entscheidungsprozesse zu unterstützen?

Diese Fragen untersucht der vorliegende Beitrag zunächst mittels einer selektiven Literaturrecherche. Aus den Ergebnissen der Literaturanalyse werden anschließend Anforderungen an ein effizientes Controlling abgeleitet. Zur Festlegung von Zielen und Maßnahmen der strategischen Weiterentwicklung muss zunächst die Ist-Situation des Klinik-MVZ und des Umfelds analysiert werden. Dies wird in Form einer SWOT-Analyse durchgeführt. Nachfolgend werden die Ergebnisse der Literaturrecherche und der SWOT-Analyse in der Struktur der Balanced Scorecard als strategische Ziele formuliert.

Kapitel 3.1 gibt dafür zunächst einen Überblick zur Gesundheitsversorgung im ländlichen Raum sowie über die damit verbundenen Herausforderungen. Zudem wird das Klinik-MVZ als eine Möglichkeit, die Gesundheitsversorgung im ländlichen Raum zu sichern, vorgestellt. Kapitel 3.2 leitet aus den Ergebnissen der selektiven Literaturanalyse Ansätze zur Verbesserung der Versorgungssituation ab. Schließlich zeigt Kapitel 3.3 anhand einer SWOT-Analyse und der Balanced Scorecard Möglichkeiten und Instrumente auf, die Ziele und Handlungsempfehlungen in das operative und strategische Controlling zu integrieren.

3.1 Ländliche vertragsärztliche Gesundheitsversorgung

Als ländliche Räume werden im vorliegenden Beitrag die laut Bundesinstitut für Bau-, Stadt- und Raumforschung (BBSR) beschriebenen ländlichen Kreise mit Verdichtungsansatz und dünn besiedelte ländliche Kreise betrachtet. In beiden oben genannten Kreistypen leben verhältnismäßig wenig Menschen, dafür aber verteilt auf einer sehr großen Fläche (vgl. BBSR, 2016), was insbesondere mit Problemen hinsichtlich der weiten Wege zu Kliniken verbunden ist. Jeder Versicherte bzw. Bürger soll in quantitativer und qualitativer Hinsicht die Gesundheitsversorgung erhalten, die seinem Bedarf nach möglichst objektiven Kriterien entspricht (vgl. SVR, 2014, S. 31). Wird dies nicht erfüllt, liegt eine Fehlversorgung vor. Probleme ländlicher Gesundheitsversorgung wurden von Vertretern der Gesundheitspolitik aufgegriffen und so wurden zur Sicherstellung der ambulanten Gesundheitsversorgung mit dem Gesetz zur Verbesserung der Versorgungsstrukturen in der gesetzlichen Krankenversicherung (GKV-

VStG, in Kraft getreten 2012) wesentliche Maßnahmen zur Verbesserung der wohnortnahen und flächendeckenden medizinischen Versorgung der Bevölkerung erlassen (vgl. Abb. 3.1).

Abb. 3.1: Regelungen des GKV-VStG (vgl. BMG, 2015)

3.1.1 Medizinische Versorgungszentren (MVZ)

Eine Möglichkeit, die Gesundheitsversorgung im ländlichen Raum zu sichern, stellt die Einrichtung von MVZ in Trägerschaft einer Klinik dar. Vertragsärzte sowie angestellte Ärzte können in dieser Einrichtung tätig werden. Die ärztliche Leitung obliegt einem im MVZ tätigen Arzt (vgl. § 95 Abs. 1 SGB V). Um eine Verschiebung des Leistungsgeschehens in den ambulanten Sektor zu bewirken, ist es in den letzten 15 Jahren konstanter Gegenstand der Gesetzgebung geworden, die ambulante Versorgung für Krankenhäuser zu öffnen. Die Hoffnung, dass MVZ einen relevanten Versorgungsbeitrag in weniger gut versorgten Gebieten leisten, hat sich jedoch nicht erfüllt. Klinik-MVZ werden vorwiegend in städtischen Gebieten und nur zu rund 17 % in ländlichen Gemeinden gegründet (vgl. Gibis et al., 2016, S. 112, 124). Dennoch ist durch die Mitversorgung des Umlands die Versorgungsrelevanz für ländliche Gebiete nicht zu vernachlässigen (vgl. SVR, 2012, S. 94).

3.1.2 Versorgungssituation und Herausforderungen

In der Literatur wird die Versorgungssituation im ländlichen Raum bisweilen als große Herausforderung angesehen. Probleme werden insbesondere aus Versorgungsaspekten heraus aufgezeigt. Einzig Oberender verknüpft in „Think Rural!" ländliche Regionen nicht vorwiegend mit Problemen, sondern sieht diese Gebiete vor allem als Chance für die Gesundheitspolitik, denn die Gesundheitswirtschaft erweist sich dort als Wachstumsbranche und Jobmotor (vgl. Oberender, 2014, S. 18).

Für die Formulierung von Anforderungen an das effiziente Controlling wird zunächst die Versorgungssituation mit den sich daraus ergebenden Problemen dargestellt. Darauf aufbauend werden Ziele entwickelt und es werden Maßnahmen abgeleitet, die geeignet sind, eine wirtschaftliche Betriebsführung im ländlichen Umfeld und eine bedarfsgerechte vertragsärztliche Versorgung zu realisieren. Die Probleme und Ziele werden in den folgenden Ausführungen zur besseren Übersichtlichkeit in vier thematische Bereiche eingeteilt:

- Problem-/Zielbereich 1: Arztdichte und zukünftige Entwicklung
- Problem-/Zielbereich 2: Versorgungsbedarf und Versorgungsziel
- Problem-/Zielbereich 3 und 4: Kooperation und Verzahnung der Sektoren (3.) und Beteiligten (4.)

Bereich 1: Arztdichte und zukünftige Entwicklung

Im internationalen Vergleich ist die Versorgungskapazität mit Gesundheitsleistungen in Deutschland auf einem sehr hohen Niveau (vgl. SVR, 2014, S. 345; Klose/Rehbein, 2016, S. 8). Es existiert eine hohe Arztdichte und prinzipiell eine sehr gute Zugänglichkeit zu ambulanten medizinischen Leistungen (vgl. SVR, 2014, S. 349). Die Arztdichte hat sich seit 1980 verdoppelt. Es besteht demnach kein genereller Ärztemangel, sondern ein Verteilungsproblem, denn insbesondere im hausärztlichen Bereich gibt es regionale Unterschiede, sodass einige Gebiete unterversorgt bzw. von Unterversorgung bedroht sind (vgl. Klose/Rehbein, 2016, S. 252 f.; SVR, 2014, S. 349 f.; RKI, 2015, S. 304; Greß/Stegmüller, 2011, S. 15). Klose und Rehbein kommen im Ärzteatlas 2016 zu dem Ergebnis, dass in 45 % der Planungsbereiche der Kassenärztlichen Vereinigungen (KV) eine Überversorgung mit einem Versorgungsgrad von mehr als 110 % vorliegt, während in 27 % der Versorgungsgrad bei unter 100 % liegt (vgl. Klose/Rehbein, 2016, S. 20 f.). Der Altersdurchschnitt von Vertragsärzten und Krankenhausärzten steigt seit 1993 an. Während sich das Durchschnittsalter von Vertragsärzten 1993 noch auf 46,56 Jahre belief, lag es 2015 bereits bei 53,67 Jahren. Krankenhausärzte waren 1993 im Durchschnitt 38,05 Jahre alt, 2015 lag das Durchschnittsalter bei 41,40 Jahren (vgl. BÄK, 2016). Ein Drittel der Hausärzte ist laut Ärzteatlas 2016 über 60 Jahre alt und sucht in absehbarer Zeit eine Nachfolge (vgl. Klose/Rehbein, 2016, S. 254).

Dem zukünftig hohen Bedarf an Nachbesetzung, v. a. im ländlichen Raum, steht gegenüber, dass laut einer Umfrage des Berufsmonitorings aus 2014 bei Studierenden der Medizin der sogenannte „Landarzt" als wenig attraktiv und anspruchsvoll gilt. Neben der Befürchtung, nur ältere Patienten mit eingeschränktem und überschaubarem Krankheitsspektrum zu betreuen, wird auch fachliche Isolation angenommen (vgl. Jacob et al., 2015, S. 68). Als unbeliebteste Arbeitsorte für die Zukunft wurden von Medizinstudenten kleine und sehr kleine Landgemeinden angegeben (vgl. Jacob et al., 2015, S. 61). Diese Aussagen machen deutlich, dass der Gewinnung von ärztlichem Personal eine hohe Bedeutung beigemessen werden muss.

Bereich 2: Versorgungsbedarf und Versorgungsziel

Leistungen der Daseinsvorsorge sind im ländlichen Raum für die Kommunen mit höheren Kosten pro Kopf und zudem mit weiteren Wegen für die Bewohner verbunden. Dünn besiedelte periphere Räume gelten in dieser Hinsicht als vergleichsweise wenig attraktive Gegenden, was zur Abwanderung junger und mobiler Menschen führen kann (vgl. Ried, 2016, S. 2; Ried, 2011, S. 12 f.; Hoffmann et al., 2011, S. 38). Während diese Gebiete häufig unterversorgt bzw. von Unterversorgung bedroht sind, steigt die Zahl an altersbedingten, mehrfach und chronisch kranken Menschen, deren Versorgungsbedarf zunimmt. Auch höhere Arbeitslosenzahlen haben eine negative Auswirkung auf die Gesundheit (vgl. Naegele/Gerling, 2013, S. 15; Schaeffer et al., 2015, S. 12 f.). Die steigende Nachfrage nach Gesundheitsleistungen in dieser Bevölkerungsgruppe wird u. a. vom geringeren Bildungsstand, weniger verfügbarem Geld und schlechterem gesundheitlichen Status beeinflusst. Hinzu kommen Berufe mit erhöhtem Verletzungs- und Erkrankungsrisiko wie die der Landwirte, Fischer und Förster (vgl. Rourke, 2014, S. 45). Des Weiteren lebt die Bevölkerung verhältnismäßig isoliert und häufig weit entfernt von größeren Zentren (vgl. Rourke, 2014, S. 45). Durch die geringe Bevölkerungsdichte und die verringerte Angebotsdichte kommt es zu längeren Anfahrtswegen bei gleichzeitig vielen älteren, immobilen Menschen (vgl. RKI, 2015, S. 448 f.; Naegele/Gerling, 2013, S. 15; Greß/Stegmüller, 2011, S. 13). Das Versorgungsproblem ist demnach auch ein Transportproblem (vgl. Rieser, 2014, S. 994).

Die Gleichwertigkeit der Lebensverhältnisse ist als Leitvorstellung in Deutschland verwurzelt, weswegen große Disparitäten vermieden werden sollten. Die Gesundheitsversorgung spielt eine wichtige Rolle in der Daseinsvorsorge und der Lebensqualität (vgl. Ried, 2016, S. 3) und ist zudem entscheidender Standortfaktor für die Zukunftsfähigkeit ländlicher Räume (vgl. Naegele/Gerling, 2013, S. 18). Das Ziel muss demnach ein Zugang zu Gesundheitsleistungen sein, der gleichwertig und unabhängig von der Region ist (Versorgungssicherheit) (vgl. Ried, 2011, S. 15) sowie eine wohnort- und zeitnahe Versorgung sicherstellt (vgl. Naegele/Gerling, 2013, S. 18; Süßmuth, 2012, S. 7, 12).

Bereich 3 und 4: Kooperation und Verzahnung der Sektoren und Beteiligten

Ein weiterer Bereich der medizinischen und wirtschaftlichen Fehlsteuerung ergibt sich aus der Trennung der ambulanten und stationären Leistungsbereiche (vgl. Naegele/Gerling, 2013, S. 16). Sektorendenken, das durch die starre Trennung von ambulanter und stationärer Versorgung geprägt ist, traditionelle Zuständigkeiten sowie Hierarchiedenken tragen zu Reibungsverlusten bei (vgl. Schaeffer et al., 2015, S. 235). Aufgrund dieser hohen Komplexität im Versorgungssystem wird es den Akteuren erschwert, die Steuerungsprozesse zu verstehen. Die resultierende Vielschichtigkeit der

Kompetenzverteilung begrenzt zudem Handlungsspielräume (vgl. Süßmuth, 2012, S. 18). Auch die Bedarfsplanung der KV wird als Ursache für diese Probleme gesehen. Es fehlt an aussagekräftigen Indikatoren zur Bedarfsgerechtigkeit, zielführenden Zuschnitten der Planungsbereiche und Instrumentarien zur Beseitigung von Über- und Unterversorgung (vgl. Greß/Stegmüller, 2011, S. 24). Krankenhäuser sind schon jetzt mit Defiziten der ambulanten Notfallversorgung konfrontiert, da viele Patientinnen und Patienten die Notaufnahmen anstelle des KV-Dienstes in Anspruch nehmen (vgl. Fleßa/Gieseler, 2016, S. 51).

3.2 Ansätze zur Verbesserung der Versorgungssituation

Nach Betrachtung der Herausforderungen der ländlichen ambulanten Gesundheitsversorgung gilt es, Ziele zu formulieren, mittels derer die Versorgung wirtschaftlich und bedarfsgerecht sichergestellt werden kann.

Zielbereich 1: Sicherstellung der nahtlosen Versorgung trotz notwendiger Nachbesetzung

Wie bereits dargestellt, steht einem hohen Nachbesetzungsbedarf eine geringe Attraktivität ländlicher Regionen für junge Medizinerinnen und Mediziner gegenüber. Daraus resultiert, dass Leistungserbringer sich frühzeitig mit der Nachbesetzung passender Positionen beschäftigen sollten. Fachkräfte müssen durch attraktive Konditionen und infrastrukturelle Maßnahmen angelockt werden (vgl. Berg/Hoffmann, 2014, S. 42). Neben der Gewinnung von Ärztinnen und Ärzten dürfen dabei andere Gesundheitsberufe, wie beispielsweise Pflegefachkräfte, für die viele der aufzuführenden Aspekte ebenfalls gelten, nicht vergessen werden. Entscheidungskriterien für einen Arbeitsort in einer ländlichen Region sind insbesondere:

- Vereinbarkeit von Beruf und Familie inklusive flexibler Arbeitszeiten und der Öffnungszeiten von Tagesbetreuungsmöglichkeiten für Kinder (vgl. Jacob et al., 2015, S. 28, 33; Rieser, 2014, S. 994; Naegele/Gerling, 2013, S. 27)

- regionale Arbeitsmöglichkeiten für den Partner (vgl. Jacob et al., 2015, S. 34)
- die eigene Herkunft: häufig besteht eine hohe Heimatorientierung mit Tendenz zur Rückkehr in heimatliche Gebiete (vgl. Jacob et al., 2015, S. 48 f., 61)
- die Einbindung in ein Team, eine Kooperation oder ein Netzwerk zum fachlichen Austausch und zur Weiterbildung, idealerweise mit einer längeren Einarbeitungsphase vor Übernahme alleiniger Verantwortung (vgl. Jacob et al., 2015, S. 79, S. 81; Rieser, 2014, S. 995; Naegele/Gerling, 2013, S. 27; Baier/Struckmann, 2014, S. 5)
- Entlastung von Verwaltungsaufgaben (vgl. Maus, 2012, S. 1470)

Die Tätigkeiten im Rahmen einer Anstellung im ambulanten Bereich, insbesondere in MVZ, gewinnen an Attraktivität (vgl. Jacob et al., 2014, S. 45 f.). Die genannten Entscheidungskriterien können ambulanten Leistungsanbietern in ländlichen Räumen Möglichkeiten eröffnen, um ein attraktiver Arbeitgeber zu sein. Um die vertragsärztliche Versorgung sicherzustellen, sind also Maßnahmen für die zeitnahe Nachbesetzung von freiwerdenden Arztsitzen notwendig. Diese gehen über kurzfristige Maßnahmen der Mitarbeitergewinnung, wie beispielsweise Stellenausschreibungen, hinaus und müssen frühzeitig in strategische Überlegungen eingebunden werden. Beispiele wären die Vergabe von Stipendien, Überlegungen zu familienfreundlichen Praxisöffnungszeiten und Kooperationen mit Kindertagesstätten.

Weitere Maßnahmen zur Gewinnung von Mitarbeitern sind in Tab. 3.1 zusammengefasst und sollten nicht isoliert betrachtet, sondern sinnvoll mit den genannten Maßnahmen verknüpft werden.

Zielbereich 2: Zumutbarer Zugang zu Gesundheitsleistungen

In ländlichen Regionen sollte ein breites, umfassendes Aufgabenspektrum über die gesamte Lebensspanne, inklusive der Gesundheitsförderung und Prävention, wichtiger und selbstverständlicher Bestandteil der Primärversorgung sein (vgl. Schaeffer et al., 2015, S. 227). Flächendeckend wäre eine grund- und bedarfsgerechte abgestufte Spezialversorgung zu etablieren, unterstützt durch telematikgestützte Systeme (vgl. Schaeffer et al., 2015, S. 235; Naegele/Gerling, 2013, S. 45; Ried, 2011, S. 15; Fleßa, 2011, S. 30; Baier/Struckmann, 2014, S. 20).

Ein zentraler Standort, ausreichend Parkplätze und die regelmäßige Anfahrt durch den öffentlichen Nahverkehr sind ebenfalls zu beachten (vgl. Fleßa, 2011, S. 30; SVR, 2014, S. 448). Kooperations- und Finanzierungsmöglichkeiten mit Betreibern öffentlicher Verkehrsmittel (vgl. Riesa, 2014, S. 994), die Etablierung eines Patientenbusses (vgl. RKI, 2015, S. 450) oder eines Hol- und Bringdienstes für Patienten (vgl. Naegele/Gerling, 2013, S. 29 f.) können zielführend unterstützen. Auch das Schaffen von Sammelstellen, z. B. in Form von Portalkliniken, kann ein möglicher Lösungsansatz sein (vgl. Fleßa, 2011, S. 30).

Mobile Versorgungsangebote in Form von Hausbesuchen und ambulanten Pflegediensten sind bereits in vielen Gegenden etabliert und können durch fachärztliche Sprechstunden in ländlichen Allgemeinpraxen (vgl. Fleßa, 2011, S. 30; Naegele/Gerling, 2013, S. 45) oder durch eine mobile Arztpraxis (vgl. RKI, 2015, S. 450) ergänzt werden. Für die Umsetzung könnten leerstehende öffentliche Gebäude oder Räumlichkeiten genutzt werden (vgl. Naegele/Gerling, 2013, S. 29 f.).

Zielbereich 3: Effiziente Verzahnung der Sektoren

Innovative Versorgungskonzepte und -modelle müssen vorhandene Ressourcen bündeln. Dafür ist integriertes Denken und Handeln statt einer starren Trennung der Sektoren notwendig (vgl. Schaeffer et al., 2015, S. 233). Sektorenübergreifende Planung und Steuerung (vgl. Schaeffer et al., 2015, S. 233; Greß/Stegmüller, 2011, S. 25) sowie Vernetzungen und Koordination (vgl. Süßmuth, 2012, S. 7; RKI, 2015, S. 449) unter Mitwirkung unterschiedlicher Akteure beispielsweise in Versorgungsnetzwerken (vgl. RKI, 2015, S. 449) könnten zur Verbesserung der Verzahnung beitragen. Die Entwicklung indikationsbezogener (vgl. Hoffmann et al., 2011, S. 38 f.) und integrierter Versorgungsmodelle (vgl. SVR, 2014, S. 451; Naegele/Gerling, 2013, S. 29 f.; RKI, 2015, S. 350) sowie Modelle von Selektivverträgen (vgl. RKI, 2015, S. 350) bieten Chancen, die Leistungserbringung wirtschaftlich und auf hohem medizinischen Niveau zu erbringen.

Zielbereich 4: Effiziente Zusammenarbeit aller Gesundheitsprofessionen

Die Fachliteratur zieht dazu Modelle aus dem Ausland zur Ableitung von Empfehlungen für Deutschland heran. Dabei werden neue funktionale und hierarchiearme Muster der Aufgaben- und Verantwortungsverteilung und die Etablierung eines neuen Professionenmixes empfohlen (vgl. Schaeffer et al., 2015, S. 229). Eine gemeinsame Verantwortung für das Gesamtergebnis sollte demnach im Vordergrund stehen (vgl. Schaeffer et al., 2015, S. 229). Neben der Delegation von spezifischen Aufgaben (vgl. Schaeffer et al., 2015, S. 229; RKI, 2015, S. 449) ist der Einsatz von gesondert qualifiziertem Personal (vgl. Naegele/Gerling, 2013, S. 29 f.) und damit verbunden eine neue Differenzierung der Verantwortungsbereiche in Absprache mit anderen Professionen sinnvoll (vgl. Schaeffer et al., 2015, S. 229; Pundt/Kälble, 2014). Vorteile einer solchen veränderten Aufgabenverteilung könnten neben Arbeitsentlastung und höherer arbeitsorganisatorischer Flexibilität in der Steigerung der Attraktivität nichtärztlicher Berufsgruppen und einer damit verbundenen Kostenreduktion liegen. Dabei dürfen die Risiken nicht vergessen werden, die in problematischen Koordinations-, Kommunikations- und unvorhersehbaren Kontrollfehlern sowie in neuen Schnittstellen und Rechtsunsicherheiten (vgl. SVR, 2007, S. 15 ff.) liegen. Ein beständiges Veränderungsmanagement ist zur Begleitung unerlässlich (vgl. Fleßa, 2011, S. 32).

Zusammenfassend lässt sich festhalten, dass die Leistungen flächendeckend zu sozial akzeptierten Preisen bereitgestellt werden sollten. Ein (Mindest-)Qualitätsniveau sowie eine befriedigende Zugänglichkeit und Erreichbarkeit sind im Sinne der Daseinsfürsorge zu gewährleisten (vgl. Ried, 2016, S. 6, 13). Um die drohende Unterversorgung zu verhindern, müssen differenzierte, innovative und regional passgenaue Versorgungskonzepte entwickelt und erprobt werden (vgl. Schaeffer et al., 2015, S. 11; Berg/Hoffmann, 2014, S. 40). Die Devise lautet dabei nicht bundeseinheitliche Vorgehensweise nach dem Gießkannenprinzip, sondern angepasste Maßnahmen an den konkreten lokalen Bedarf. Dafür sollten auch unbedingt die Kommunen in den Entscheidungsprozess eingebunden werden (vgl. Beske, 2016, S. 40).

Wenn neue Versorgungskonzepte etabliert werden, sollten folgende Aspekte in die Konzeptionierung einbezogen werden (vgl. Ried, 2016, S. 11):

- Ort der Leistungserbringung,
- Art und Weise der Leistungserbringung,
- Sicht der Leistungserbringer selbst und
- Art und Weise des Zugangs für die Bevölkerung.

In Tab. 3.1 werden aus den oben ausgeführten Erkenntnissen der Literaturrecherche die für einen ambulanten Leistungserbringer wesentlichen Aspekte übersichtlich zusammengefasst.

Tab. 3.1: Probleme, Ziele und Lösungsansätze der ambulanten Gesundheitsversorgung in ländlichen Gebieten (Ergebnisse der Literaturanalyse)

Bereich	Problem	Ziel	Lösungsansätze
1. Arztdichte und zukünftige Entwicklung	zukünftig hoher Nachbesetzungsbedarf verbunden mit der Erwartung hoher Nachbesetzungsprobleme	Sicherstellung der nahtlosen Versorgung trotz notwendiger Nachbesetzung	▪ frühzeitige Nachbesetzung/ längere Einarbeitungszeit gewährleisten ▪ Gewährleistung von Praxisöffnungszeiten bei gleichzeitig hoher Familienfreundlichkeit ▪ Vernetzung und Weiterbildung über Berufs- und Sektorengrenzen hinaus ▪ Entlastung von Verwaltungsaufgaben und Nutzung von Möglichkeiten der Entlastung durch Delegation und besserer Verzahnung
2. Versorgungsbedarf und Versorgungsziel	hoher Versorgungsbedarf der Bevölkerung bei gleichzeitiger Immobilität eines großen Teils der Bevölkerung und einem ausgedünnten ÖPNV-Netz	zumutbarer Zugang zu Gesundheitsleistungen für die gesamte Bevölkerung	▪ Abstimmung mit öffentlichem Nahverkehr ▪ Nutzung dezentraler, öffentlicher Räume durch verschiedene Ärzte und Sprechstunden ▪ Einsatz moderner Informations- und Kommunikationsmittel inkl. Telematik

Bereich	Problem	Ziel	Lösungsansätze
3. und 4. Kooperation und Verzahnung der Sektoren und Beteiligten	starre Trennung der Sektoren, insbesondere ambulant und stationär	effiziente Verzahnung der Sektoren	▪ enge Kooperation (fachlicher Austausch und organisatorische Verzahnung) mit Krankenhäusern ▪ gemeinsame Abstimmung in Notfall- und spezialfachärztlicher Versorgung ▪ gemeinsame Behandlungspfade, koordiniertes Entlassmanagement ▪ Öffnung für innovative Konzepte
	Hierarchiedenken und traditionelle Zuständigkeitsbereiche	effiziente Zusammenarbeit aller Gesundheitsprofessionen	▪ Qualifizierung von nicht ärztlichem Personal ▪ gemeinsames Bewusstsein für Beitrag jedes Einzelnen zum gemeinsamen Ziel der Gesundheitsversorgung ▪ Reorganisation im Sinne des o. g. Punkts innerhalb des gesetzlichen Rahmens und ohne Denken in traditioneller Aufgabenverteilung

3.3 Empfehlung geeigneter Controllinginstrumente

Für eine nachhaltige Unternehmensführung im Klinik-MVZ sollten die angeführten Ziele und Handlungsempfehlungen der ländlichen vertragsärztlichen Gesundheitsversorgung in das Controlling eingebunden werden. Möglichkeiten und Instrumente, diese in das operative und strategische Controlling zu integrieren, werden anschließend aufgezeigt.

3.3.1 Operatives Controlling

Das Controlling im Klinik-MVZ unterscheidet sich grundsätzlich nur wenig vom Krankenhauscontrolling, sodass aufgrund der erfahrenen Klinikcontroller das bestehende Controlling an das MVZ adaptiert werden kann. Die quartalsweise Abrechnung sowie der hohe Zeitverzug bis zum Honorarbescheid stellen allerdings das Controlling vor große Herausforderungen. Je nach Größe sind Mitarbeiter mit diesem speziellen Wissen unbedingt ausreichend vorzuhalten. Außerdem sollte die Belastbarkeit der Daten im Vorfeld geklärt und sichergestellt werden. Die Erfahrung im Krankenhausumfeld mit großen Datenmengen erleichtert die Umsetzung.

Nach Sicherstellung der belastbaren Datenbasis ist die Planung und Zielvereinbarung für eine definierte Periode vorzunehmen, z. B. für das nächste Wirtschaftsjahr. Dabei sind neben spezifischen Kennzahlen des MVZ (z. B. Arztfallwert, Auszahlungsquote) die verfolgte Strategie (im Einklang mit der Strategie des Trägers) und die Besonderheiten des ländlichen Umfelds zu beachten. Insbesondere Potenziale der gemeinsamen Ressourcennutzung, Maßnahmen zur Verzahnung der Sektoren und der Steigerung der Attraktivität als Arbeitgeber sind dabei einzubeziehen. Die Identifikation geeigneter Kennzahlen zur Überwachung erfolgt zunächst im strategischen Controlling, sodass diese – insbesondere die Planung und das Reporting – anschließend gezielt in das operative Controlling übernommen werden können.

3.3.2 Strategisches Controlling

Aufgrund der bereits beschriebenen häufig wirtschaftlich angespannten Situation der Klinik-MVZ sollte ein strategisches Controlling im Einklang mit der Strategie des Trägers etabliert werden. Dieses kann, über das operative Controlling hinaus, die Erreichung von strategischen Zielstellungen zur Weiterentwicklung des ländlichen Klinik-MVZ aufzeigen. Dabei stehen neben Leistungs- und Wirtschaftlichkeitsgrößen auch zuvor im Rahmen der strategischen Planung festgelegte Größen im Vordergrund.

SWOT-Analyse zur Ist-Analyse

Zur Festlegung von Zielen und Maßnahmen der strategischen Weiterentwicklung sollte zunächst die Ist-Situation des Klinik-MVZ selbst und des Umfelds analysiert werden. Dies kann in Form einer SWOT-Analyse (*Strengths, Weaknesses, Opportunities, Threats* – zu Deutsch: Stärken, Schwächen, Chancen, Risiken) durchgeführt werden. Abb. 3.2 ordnet die Erkenntnisse aus der Literaturanalyse in die Matrix der SWOT-Analyse ein und stellt diese exemplarisch für ein ländliches Klinik-MVZ dar.

SWOT-Analyse		interne Sichtweise Klinik-MVZ: Stärken	interne Sichtweise Klinik-MVZ: Schwächen
externe Sichtweise ländliche Region	Chancen	■ Vernetzung ambulant und stationär in verschiedenen Bereichen ■ moderne Kommunikationsmittel ■ Entlastung von Verwaltungsaufgaben ■ zentrale Verwaltung und Reporting der Klinik	■ Nutzung dezentraler Räume für Sprechstunden ■ Öffnung für innovative Ideen und Konzepte ■ Reorganisation über traditionelle Aufgabenverteilung hinaus ■ ambulante Abrechnung und Erlöscontrolling
externe Sichtweise ländliche Region	Risiken	■ Nachbesetzung von Stellen ■ längere Einarbeitungszeit	■ Entfernung und Wegzeiten ■ Praxisöffnungszeiten zwischen Bedarf und Familienfreundlichkeit

Abb. 3.2: Exemplarische SWOT-Analyse eines ländlichen Klinik-MVZ

Stärken und Chancen

Die Möglichkeit der Vernetzung des ambulanten und stationären Sektors ist aufgrund der gemeinsamen Trägerschaft einfacher zu realisieren als bei völlig unabhängigen Einrichtungen. Dadurch ergeben sich Chancen in der gemeinsamen Ressourcennutzung (Geräte, Räumlichkeiten, ggf. Personal), bei der Gestaltung von Übergängen für Patienten zwischen den Sektoren sowie bei dem gemeinsamen fachlichen Austausch, insbesondere bezogen auf das ärztliche Personal. Somit können abgestimmte Behandlungspfade, koordinierte Notfallversorgung und fachärztliche Versorgung sowie übergreifende Fortbildungsveranstaltungen den fachlichen Austausch fördern und die gezielte Behandlung qualitativ voranbringen. Abteilungen der Klinikverwaltung, wie die IT-Abteilung, die Personalabteilung, das Erlösmanagement, die Finanzbuchhaltung und das Controlling, können das Klinik-MVZ mit spezialisiertem Wissen und etablierten Instrumenten von Verwaltungsaufgaben entlasten.

Stärken und Risiken

In ländlichen Gebieten Arztstellen nachzubesetzen, bleibt eine große Herausforderung. Klinik-MVZ bringen jedoch gute Voraussetzungen mit, diese Nachbesetzung zu realisieren. Dennoch geht auch ein nicht zu vernachlässigendes Risiko mit der Möglichkeit einher, dass dies nicht nahtlos erfolgen kann. Außerdem sollte, um insbesondere junge, niederlassungswillige Kollegen zu akquirieren, der Übergang zur alleinigen Praxistätigkeit geplant werden. Hier wäre eine längere, gemeinsame Arbeit mit dem ausscheidenden Kollegen wünschenswert. Dies zu realisieren bedarf einer frühzeitigen Nachfolgesuche sowie eines Konzepts zur möglichst kostenneutralen Umsetzung.

Schwächen und Chancen

Eine Möglichkeit, die ärztliche Versorgung in ländlichen Gebieten adäquat sicherzustellen, wäre es, dezentrale Räumlichkeiten für Sprechstunden zu nutzen. Ein entsprechendes, solides Konzept, geeignete Räume und die Umsetzung dezentraler Sprechstunden können einen hohen Zugewinn in der Gesundheitsversorgung der Bevölkerung erzielen. Durch integrierte Versorgungskonzepte, innovative Ideen und Konzepte können weitere Möglichkeiten gefunden werden, die Gesundheitsversorgung bei wirtschaftlicher Betriebsführung zu verbessern. Einrichtungen und Träger müssen in der Lage sein, diese Ideen rechtlich, wirtschaftlich und organisatorisch in die gegebenen Strukturen einzuordnen und zu bewerten. Nur auf diese Weise wäre eine fundierte Entscheidung zur Umsetzung machbar.

In der Literatur ist insbesondere mit Blick auf andere Länder beschrieben, dass Reorganisationen außerhalb traditioneller Aufgabenverteilungen beispielsweise mit speziellen Qualifizierungen im nicht ärztlichen Bereich hohe Potenziale mit sich bringen. Eine Umsetzung solcher Konzepte findet bereits punktuell statt. Allerdings kann u. a. aufgrund des historisch gewachsenen starren Hierarchiedenkens im Gesundheitswesen derzeit keine kurzfristig flächendeckende Ausweitung vorgenommen werden. Im Hinblick auf eine Aufweichung dieser Grenzen können aber bereits Aufgabenverteilungen zwischen den Berufsgruppen bzw. auch zwischen

Abteilungen, Praxen und Verwaltungsbereichen auf den Prüfstand gestellt werden. Durch speziell geschultes Personal in der Leistungsabrechnung der Verwaltung kann zudem auch eine Optimierung der Abrechnung höherer Erlöse erreicht werden.

Schwächen und Risiken

Die Entfernung und Wegzeiten zwischen dem Zuhause der Patienten und möglichen MVZ-Standorten sind häufig nicht unerheblich. In strukturschwachen Gebieten kommt hinzu, dass viele ältere Patienten nicht mobil sind und öffentliche Verkehrsmittel nur begrenzt zur Verfügung stehen. Durch die oben genannte Bereitstellung von dezentralen Räumlichkeiten könnte die Entfernung verkleinert werden. Dies wird häufig aber nicht für alle Patienten ausreichen, um eine Sprechstunde gut zu erreichen. Abstimmungen mit dem öffentlichen Nahverkehr oder die Einrichtung eines Hol- und Bringdienstes sollten geprüft werden. Darüber hinaus ist die Balance zu halten zwischen gut erreichbaren Praxisöffnungszeiten und dem Bedarf des Personals nach familienfreundlichen Arbeitszeiten.

Balanced Scorecard zur Strategieentwicklung

Die Ausführungen der SWOT-Analyse zeigen neben der Ist-Situation strategische Überlegungen, die Situation weiter zu optimieren. Um die Erreichung der gesetzten strategischen Ziele und den Umsetzungsgrad definierter Maßnahmen zu prüfen, kann eine Balanced Scorecard (BSC) erstellt werden. Diese hat sich als ein Managementsystem erwiesen, das über die finanziellen und nicht finanziellen Ziele eines Unternehmens hinaus auch kritische Wertschöpfungsaktivitäten überwacht. Dadurch fokussieren diese Kennzahlen neben kurzfristig orientierten Leistungen auch Werttreiber für wichtige, langfristige und wettbewerbsfähige Leistungen (vgl. Kaplan/Norton, 1997, S. 8). Die BSC betrachtet die vier Bereiche: Kundenperspektive, finanzwirtschaftliche Perspektive, interne Prozessperspektive sowie die Lern- und Entwicklungsperspektive (vgl. Kaplan/Norton, 1997, S. 24 ff.). Übertragen auf ein Klinik-MVZ könnten diese Perspektiven als Patientenperspektive, personelle Potenziale, Finanzperspektive und Prozessperspektive bezeichnet werden (vgl. Abb. 3.3).

Abb. 3.3: Perspektiven der BSC (vgl. Kaplan/Norton, 1997, S. 24 ff.)

Nachfolgend werden die Ergebnisse der Literaturrecherche und der SWOT-Analyse in die Struktur der BSC gebracht, um daraus strategische Ziele zu formulieren. Im Sinne der BSC werden mögliche Kennzahlen und Maßnahmen zur Zielerreichung beschrieben und anschließend beispielhaft dargestellt. Die so entwickelte BSC ist exemplarisch für ländliche Klinik-MVZ, muss aber auf die individuelle Ist-Situation sowie bereits vorhandene Strukturen konkreter Einrichtungen angepasst werden. Außerdem sollte im tatsächlichen Anwendungsfall eine Herleitung der Ziele in einem Top-down-Prozess erfolgen (vgl. Kaplan/Norton, 1997, S. 10). Die nachfolgenden Darstellungen geben somit eine Richtlinie, die individuell adaptiert werden sollte.

Patientenperspektive

Für die Patienten ist eine zeitnahe Versorgung mit Gesundheitsleistungen an einem gut erreichbaren Standort wichtig und trägt maßgeblich zur Zufriedenheit bei. Dazu müssen die Sprechzeiten an dem Bedarf der Bevölkerung an Gesundheitsleistungen angepasst werden (in Anzahl und in der Zeitverteilung über die Arbeitstage). Neben dem Zulassungsbescheid (Stundenumfang) sind allerdings auch die Bedarfe der Mitarbeiter zu beachten, die sich i. d. R. familienfreundliche Arbeitszeiten wünschen. Zur Messung, ob ausreichend Sprechzeiten vorhanden sind, kann beispielsweise jährlich eine Auswertung erfolgen, wie lange Patientinnen und Patienten durchschnittlich auf einen Termin warten (Zeit von der Terminvereinbarung bis zur Umsetzung).

Weitere Maßnahmen, die Patientenperspektive zu fokussieren, können Überprüfungen der Fahrpläne des öffentlichen Nahverkehrs, die Ermittlung der Einweiserquote sowie die Befragung von Patienten sein. Mögliche Kennzahlen werden in Tab. 3.2 dargestellt.

Personelle Potenziale

Um die sektorenübergreifende Versorgung und das Verständnis der Ärzte für den anderen Versorgungsbereich zu fördern, sind ein fachlicher Austausch sowie eine enge Kommunikation förderlich. Gemeinsame Veranstaltungen in Form von Fortbildungen zu fachärztlichen Themen sowie gemeinsame Symposien oder Stammtische zur Entwicklung von gemeinsamen Prozessen (Behandlungspfaden) können den Austausch maßgeblich gestalten. Dadurch können auch junge Ärzte in der Niederlassung unterstützt werden, um bei komplexeren Fällen kompetent handeln zu können. Eine Überwachung des bedarfsgerechten Fortbildungsangebots kann durch eine jährliche Auswertung relevanter Fortbildungsstunden im Verhältnis zu Vollzeitkräften erfolgen.

Der Bedarf an Nachfolgern sowie der Erfolg bei der Akquise neuer Mitarbeiterinnen und Mitarbeiter sollten kontinuierlich überprüft werden. Weitere Maßnahmen für die Prüfung der Entlastung von Mitarbeitern sind in Tab. 3.2 aufgeführt.

Zur langfristigen Erlössicherung ist die Ausschöpfung des Regelleistungsvolumens sicherzustellen. Eine quartalsweise Überwachung der Auszahlungsquote nach Prüfung der Honorarbescheide kann Hinweise auf die Abrechnungsqualität geben. Die Prüfung des Honorarbescheids und der sachlich-rechnerischen Richtigstellung sowie die Ermittlung der relevanten Kennzahlen sollten durch erfahrene und qualifizierte Mitarbeiter erfolgen. Außerdem muss das Lernen aus der Richtigstellung als selbstverständlicher Prozess etabliert werden.

Darüber hinaus müssen Potenziale der Kosteneinsparung beispielsweise durch die Erreichung von Skaleneffekten und die optimale Auslastung von Ressourcen genutzt werden. Eine regelmäßige betriebswirtschaftliche Auswertung sowie die präzise Erstellung des Wirtschaftsplans sind analog zum Controlling im Krankenhaus zu etablieren.

Prozessperspektive

Eine hohe qualitative Gesundheitsversorgung kann durch die Vermeidung von Brüchen in der Behandlung gefördert werden. Dabei ist die Behandlung im niedergelassenen Bereich genauso wie im stationären Bereich aufeinander abzustimmen. Auch der fachliche Austausch trägt zur bedarfsgerechten Patientenversorgung bei. Die Etablierung moderner Kommunikationsmittel kann dabei maßgeblich unterstützen und sollte deshalb strategisch eingebettet werden. Darüber hinaus kann eine Koordination beispielsweise in der Notfallversorgung und dem Entlassmanagement im ambulanten und stationären Bereich den Patientenfluss besser steuern und eine ressourcenschonende Zuteilung fördern. Mögliche Kennzahlen zur Messung des Erfolgs der Maßnahmen sind in Tab. 3.2 dargestellt.

Tab. 3.2: Exemplarische Balanced Scorecard

	Ziel	Kennzahl	Zielwert	Erhebung/Datenquelle	Maßnahmen
Patientenperspektive	zeitnahe ambulante Gesundheitsversorgung	Tage bis Termin	< 30 Tage	1 Monat jährlich/EDV oder 1x jährlich Strichliste	Anpassen der Sprechzeiten an den Bedarf
	hohe Patientenzufriedenheit	Anteil zufriedener Patienten	> 80 %	1 Monat jährlich/ Patientenbefragung	Neugestaltung des Wartebereichs
	Vermeidung von Brüchen in der Behandlung durch fehlende Informationen	Einweisungsquote an Trägerklinik	> 50 %	fortlaufend/EDV/Einweiser der Klinik (Erhebung durch Klinik)	Unterstützung/Weiterentwicklung Einweisermanagement der Klinik
	gute Erreichbarkeit der Standorte	Busanfahrten während Sprechzeit	> 2x/Stunde im Durchschnitt (versch. Richtungen)	jährlich/Abgleich des Fahrplans mit Sprechzeiten	Gespräche mit öffentlichem Nahverkehr
personelle Potenziale	fachlicher Austausch der Klinik- und Ambulanzärzte	Anzahl gemeinsame Fortbildungs-/Austauschveranstaltungen	> 8 pro Jahr	jährlich/EDV/Anzahl der Veranstaltungen mit Besuch beider Arztgruppen	Integration (v. a. thematisch) übergreifender Veranstaltungen in das Fortbildungskonzept
	frühzeitige Nachfolgeregelung für freiwerdende Arztsitze	Anzahl freiwerdende Arztsitze in Vollkraftstellen ohne Nachfolgeregelung innerhalb eines Jahres	< 1 Vollkraftstelle	jährlich/EDV bzw. durch Personalabteilung	frühzeitige Akquise niederlassungswilliger Ärzte, Einarbeitungskonzept erstellen
	Sicherung der KV-Erlöse durch Vorhalten von spezialisiertem Wissen zu ambulanten Themen	Anzahl der Fortbildungsstunden zu spezifischen ambulanten Themen	> 2 Fortbildungen jährlich pro VK im Durchschnitt	jährlich/Verhältnis relevanter Fortbildungsstunden zu Vollkraftstellen	Qualifizierung der Mitarbeiter in spezifischen ambulanten Fragen
	Entlastung der Ärzte von Verwaltungsaufgaben	Patientenkontakte je Sprechzeit in Stunden	> 5 Patienten pro Stunde	jährlich/EDV/Verhältnis Patientenkontakte zu Sprechzeiten in Stunden	Qualifizierung von nicht ärztlichem Personal zur Übernahme zusätzlicher Tätigkeiten (insb. Organisation, Verwaltung)

	Ziel	Kennzahl	Zielwert	Erhebung/Datenquelle	Maßnahmen
Finanzperspektive	Ausschöpfung Regelleistungsvolumen	Auszahlungsquote	> 90 %	quartalsweise/EDV/Verhältnis Auszahlungsfallwert zu Abrechnungsfallwert	Qualifizierung von Mitarbeitern in amb. Leistungsabrechnung, Prüfung von Honorarbescheiden
	Reduktion von Sachkosten durch Erzielung von Skaleneffekten	Kosteneinsparung durch Skaleneffekte in €	> 10.000 € pro Jahr für 5 Jahre	jährlich/eingesparte Kosten durch Abstimmung im Einkauf in €	Abstimmung im Einkauf aller Praxen und mit Trägerklinik
	Erreichen des Betriebsergebnisses des Wirtschaftsplans	Betriebsergebnis der betriebswirtschaftlichen Auswertung	< 5 % negative Abweichung	quartalsweise/betriebswirtschaftliche Auswertung	umfassende, präzise Wirtschaftsplanung u. Einhaltung des Wirtschaftsplans
	Kostendeckung dezentraler Praxisräume	Auslastung mit Sprechstunden	> 80 %	1 Woche je Halbjahr/Verhältnis durchgeführte Sprechzeiten zu möglichen Sprechzeiten (10 h pro Tag)	Verteilung der Sprechzeiten nach Bedarf und Nachbesetzung bei geplantem Ausfall
Prozessperspektive	Vermeidung von Brüchen in der sektorenübergreifenden Patientenversorgung	Anzahl neuer/ Anzahl aktualisierter Patientenpfade	33 % der Patientenpfade pro Jahr	jährlich/Anzahl neuer bzw. Anzahl der Überarbeitung von Patientenpfaden	Etablierung von Patientenpfaden
	Etablierung moderner Kommunikationsmittel für zeitnahen, fachlichen Austausch	angebundene Praxen und Klinikabteilungen	Anbindung 2 Bereiche pro Jahr	Anzahl neu angebundener Endanwender inklusive Evaluation	Konzeption und Voraussetzungen schaffen sowie Durchführung der Anschlüsse
	koordinierte Notfallversorgung	Anteil ambulanter Notfallpatienten	< 50 %	halbjährlich/EDV/Verhältnis von ambulanten Notfallpatienten zu gesamten Notfallpatienten aus der Klinikauswertung	Etablierung einer KV-Sprechstunde an strategisch sinnvollem Ort/ggf. Klinikstandort

3.4 Schlussbetrachtung

Insgesamt zeigen die Erkenntnisse aus der Literaturanalyse sowie die Ergebnisse von SWOT-Analyse und BSC, dass das Controlling des Klinik-MVZ von den Erfahrungen des Klinik-Controllings profitieren kann. Die Anforderungen an das Controlling, die sich aus dem ländlichen Gebiet ergeben, sind vor allem in die Unternehmensstrategie und damit ins strategische Controlling einzubinden und müssen sich nach Identifizierung entsprechend in der Wirtschaftsplanung und dem Reporting wiederfinden.

Die Gesundheitsversorgung im ländlichen Raum stellt hohe Anforderungen an das Klinik-MVZ. Durch die Literaturanalyse konnten Probleme aufgezeigt und Lösungsansätze dargelegt werden. Die Sicherung der Nachbesetzung freiwerdender Arztsitze, Maßnahmen zur Steigerung der Attraktivität als Arbeitgeber sowie Maßnahmen zur Verbesserung der Gesundheitsversorgung der Bevölkerung sind möglichst frühzeitig zu planen und entsprechend im Wirtschaftsplan des Klinik-MVZ zu berücksichtigen. Da solche Maßnahmen häufig über einen Zeitraum von mehreren Jahren umgesetzt werden sollten, ist ein strategisches Controlling unerlässlich. Beispielhaft wurde in einer SWOT-Analyse die Ist-Situation dargestellt. Diese konnte in eine BSC mit strategischen Zielen sowie geeigneten Kennzahlen zur Überwachung der Zielerreichung und der Maßnahmen überführt werden. Die so entstandene BSC kann daher exemplarisch für ländliche Klinik-MVZ angesehen werden. Sie ersetzt jedoch nicht die individuelle Auseinandersetzung von Einrichtungen mit den Rahmenbedingungen, Strukturen und der eigenen Strategie. Von besonderer Relevanz ist außerdem, dass auch die Mitarbeiter zwingend in einen solchen Prozess einzubinden sind.

Das Controlling selbst kann keine Erlöse für das MVZ generieren oder dessen Kosten maßgeblich beeinflussen. Durch den gezielten Einsatz geeigneter Instrumente unterstützt es aber die verantwortlichen Mitarbeiter, sodass diesen Möglichkeiten der Steuerung aufgezeigt werden können. Insbesondere die Hinführung von Zusammenhängen und das frühzeitige Entdecken von Abweichungen minimieren die Reaktionszeit auf drohende Risiken. Darüber hinaus sind die Öffnung für innovative Konzepte und das Durchspielen von Szenarien (z. B. die Aufnahme neuer Fachrichtungen) für die Weiterentwicklung sinnvoll und sichern zudem auch den langfristigen Unternehmenserfolg.

Literatur

BDO/DKI (2014). *Ländliche Krankenhausversorgung heute und 2020.* https://www.dki.de/sites/default/files/downloads/laendliche_krankenhaeuser.pdf (18.02.2017).

Baier, N./Struckmann, V. (2014). *Review zu den Perspektiven der ländlichen Versorgung. Ein Überblick international bestehender Ansätze.* In: Busse, R. (Hrsg.): Working papers in health policy and Management, Volume 09. https://depositonce.tu-berlin.de/bitstream/11303/4493/1/baier_struckmann.pdf (04.04.2017).

BÄK (2016). Ärztestatistik 2015: *Medizinischer Versorgungsbedarf steigt schneller als die Zahl der Ärzte. Ergebnisse der Ärztestatistik zum 31. Dezember 2015.* http://www.bundesaerztekammer.de/ueber-uns/aerztestatistik/aerztestatistik-2015/ (01.02.2017).

BBSR (2016). *Laufende Raumbeobachtung – Raumabgrenzungen.* http://www.bbsr.bund.de/BBSR/DE/Raumbeobachtung/Raumabgrenzungen/Kreistypen4/kreistypen.html (25.05.2016).

Berg, N. van den/Hoffmann, W. (2014). *Regional Health Care in Rural Areas.* In: Dünkel, F./Herbst, M./Schlegel, T. (Hrsg.): Think Rural! Wiesbaden: Springer, S. 39–43.

Beske, F., (2016). *Perspektiven des Gesundheitswesens. Geregelte Gesundheitsversorgung im Rahmen der sozialen Marktwirtschaft.* Berlin/Heidelberg: Springer.

Bredehorst, K./Karch, T./Nedden, F. (2009). *Wie kommt das Klinik-MVZ aus der Verlustzone? Auswirkungen der Honorarreform und Bedeutung eines MVZ-Controlling.* In: KU Gesundheitsmanagement, 04/2009, S. 38–43.

BMG (2015). *GKV-Versorgungsstrukturgesetz.* http://www.bundesgesundheitsministerium.de/service/begriffe-von-a-z/v/gkv-versorgungsstrukturgesetz.html (04.02.2017).

Fleßa, S. (2011). *Neue Probleme verlangen nach neuen Lösungen – Anregungen für eine zukunftsfähige Gesundheitsversorgung im ländlichen Raum aus Sicht der Dienstleistungsbetriebslehre.* In: AOK Bundesverband (Hrsg.): Sicherstellung der Versorgung in Regionen mit geringer Bevölkerungsdichte. Ein Expertengespräch. https://www.aok-gesundheitspartner.de/imperia/md/gpp/bund/krankenhaus/publikationen/gutachten/expertengespraech_sicherstellung_der_versorgung_web.pdf (01.02.2017), S. 21–36.

Fleßa, S./Gieseler, V. (2016). *Die Rolle der Krankenhäuser im ländlichen Raum.* In: Herbst, M./Dünkel, F./Stahl, B. (Hrsg.): Daseinsvorsorge und Gemeinwesen im ländlichen Raum. Wiesbaden: Springer, S. 43–60.

Frielingsdorf, O. (2010). *Es genügen schon einige wenige Kennzahlen. Ein effizientes Controlling erleichtert dem Führungspersonal die Überwachung der Klinik-MVZ.* In: KU Gesundheitsmanagement, 07/2010, S. 31–34.

Frielingsdorf, O. (2016). *Es wird Geld verdient – aber nicht überall! Ein Betriebsvergleich von Klinik-MVZ.* In: KU Gesundheitsmanagement, 10/2016 S. 65–67.

Gibis, B./Hofmann, M./Armbruster, S. (2016). *MVZ im Krankenhaus.* In: Klauber, J./ Geraedts, M./Friedrich, J./Wasem, J. (Hrsg.): Krankenhausreport 2016. Schwerpunkt: Ambulant im Krankenhaus. Stuttgart: Schattauer, S. 111–126.

Greß, R./Stegmüller, K. (2011). *Gesundheitliche Versorgung in Stadt und Land. Ein Zukunftskonzept.* http://www.sozialpolitik-aktuell.de/tl_files/sozialpolitik-aktuell/_Politikfelder/Gesundheitswesen/Dokumente/Gesundheitliche%20 Versorgung%202011.pdf (01.02.2017).

Hoffmann, W./Thyrian, R./Berg, N. van den (2011). *Sicherstellung der Versorgung in Regionen mit geringer Bevölkerungsdichte – Zum Beitrag nichtärztlicher Fachkräfte.* In: AOK Bundesverband (2011): Sicherstellung Versorgung in Regionen mit geringer Bevölkerungsdichte. Ein Expertengespräch. https://www.aok-gesundheitspartner.de/ imperia/md/gpp/bund/krankenhaus/publikationen/ gutachten/expertengespraech_sicherstellung_der_versorgung_web.pdf (01.02.2017), S. 37–42.

Jacob, R./Kopp, J./Schultz, S. (2014). *Berufsmonitor Medizinstudenten 2014. Ergebnisse einer bundesweiten Befragung.* In: KBV (Hrsg.). http://www.kbv.de/media/ sp/2015_04_08_Berufsmonitoring_2014_web.pdf (04.02.2017).

Kallenberg, U./Künzel, R. (2011). *Medizinische Versorgungszentren: Schwachstellen frühzeitig erkennen.* In: Deutsches Ärzteblatt, 108 (45), S. 17. http://www.aerzteblatt.de/archiv/113089 (31.01.2017).

Kaplan, R. S./Norton, D. P. (1997). *Balanced Scorecard. Strategien erfolgreich umsetzen.* In: Handelsblattreihe. Stuttgart: Schaeffer-Pöschel.

KBV (2016). *MVZ-Survey der KBV. Medizinische Versorgungszentren in Deutschland.* http://www.kbv.de/media/sp/4_MVZ_Survey.pdf (20.04.2017).

Klose, J./Rehbein, I. (2016). *Ärzteatlas 2016. Daten zur Versorgungsdichte von Vertragsärzten.* http://www.wido.de/fileadmin/wido/downloads/pdf_ ambulaten_versorg/wido_amb_pub-aerzteatlas2016_0716.pdf (01.02.2017).

Maus, J. (2012). *Medizinische Versorgungszentren. Höherer Stellenwert auf dem Land.* In: Deutsches Ärzteblatt, 109 (29–30), S. 1470. https://www.aerzteblatt.de/pdf.asp?id=127292 (04.04.2017).

Naegele, G./Gerling, V. (2013). *Demografiesensible Gesundheitsversorgung im ländlichen Raum.* Dortmund: Forschungsgesellschaft für Gerontologie e. V./Institut für Gerontologie an der TU Dortmund (IFG).

Oberender, P (2014). *Wachstumsmarkt ländlicher Raum – die Diversifikation ländlicher Räume als Chance der Gesundheitspolitik.* In: Dünkel, F./Herbst, M./Schlegel, T. (Hrsg.): Think Rural! Wiesbaden: Springer, S. 17–20.

Pundt, J./Kälble, K. (2014). *Gesundheitsberufe und gesundheitsberufliche Bildungskonzepte.* Bremen: APOLLON University Press.

Ried, W. (2011). *Gesundheitsversorgung in dünn besiedelten Regionen: Ziele und Handlungsbedarf aus gesamtwirtschaftlicher Perspektive.* In: AOK Bundesverband (2011): Sicherstellung der Versorgung in Regionen mit geringer Bevölkerungsdichte. Ein Expertengespräch, S. 12–20. https://www.aok-gesundheitspartner.de/imperia/md/gpp/bund/krankenhaus/publikationen/gutachten/expertengespraech_sicherstellung_der_versorgung_web.pdf (01.02.2017).

Ried, W. (2016). *Gesundheitsversorgung im ländlichen Raum: Ziele und Indikatoren.* In: Herbst, M./Dünkel, F./Stahl, B. (Hrsg.): Daseinsvorsorge und Gemeinwesen im ländlichen Raum. Wiesbaden: Springer, S. 1–23.

Rieser, S. (2014). *Medizinische Versorgungszentren. Chancen für ländliche Regionen.* In: Deutsches Ärzteblatt, 111 (22), S. 994–995. https://www.aerzteblatt.de/pdf.asp?id=160517 (04.04.2017).

RKI (2015). *Gesundheit in Deutschland.* In: Gesundheitsberichterstattung des Bundes, gemeinsam getragen von RKI und Destatis. Berlin. https://www.rki.de/DE/Content/Gesundheitsmonitoring/Gesundheitsberichterstattung/GesInDtld/gesundheit_in_deutschland_2015.pdf?__blob=publicationFile (12.11.2018).

Rourke, J. (2014). *Impact of Rural Medical Education.* In: Dünkel et al. (Hrsg.): Think Rural! Wiesbaden: Springer, S. 45–52.

Schaeffer, D./Hämel, K./Ewers, M. (2015). *Versorgungsmodelle für ländliche und strukturschwache Regionen. Anregungen aus Finnland und Kanada.* Weinheim/Basel: Beltz Juventa.

Stentzel, U./Hoffmann, W./Berg, N. van der (2016). *Gesundheitsberufe in Mecklenburg-Vorpommern – Angebot und Nachfrage von Qualifikationen und Qualifizierten.* In: Herbst, M./Dünkel, F./Stahl, B. (Hrsg.): Daseinsvorsorge und Gemeinwesen im ländlichen Raum. Wiesbaden: Springer, S. 25–41.

SVR (2014). *Bedarfsgerechte Versorgung – Perspektiven für ländliche Regionen und ausgewählte Leistungsbereiche, Gutachten Langfassung.* http://www.svr-gesundheit.de/fileadmin/user_upload/Gutachten/2014/SVR-Gutachten_2014_Langfassung.pdf (31.01.2017).

SVR (2012). *Wettbewerb an der Schnittstelle zwischen ambulanter und stationärer Gesundheitsversorgung. Sondergutachten 2012, Kurzfassung.* Bonn.

SVR (2007). *Kooperation und Verantwortung. Voraussetzung einer zielorientierten Gesundheitsversorgung. Gutachten 2007, Kurzfassung.* Bonn.

Süßmuth, A. (2012). *Sicherstellung der Gesundheitsversorgung im ländlichen Raum: Handlungsfelder und Chancen der Kommunalpolitik.* München: AVM.

4 Patientenorientierte Versorgung abhängigkeitskranker Menschen in der stationären Entwöhnungsbehandlung

Entwicklung eines leistungsgerechten Vergütungssystems

ALEXANDRA SAGEL

Das derzeitige System zur Vergütung von Leistungen, die im Rahmen einer stationären medizinischen Rehabilitation erbracht werden, setzt kaum Anreize für eine patientenorientierte Ausrichtung der Behandlung. Dies trifft insbesondere auf Entwöhnungsbehandlungen zu, da die Patientinnen und Patienten hier neben ihrer Hauptsuchtmitteldiagnose häufig von Komorbiditäten sowie von umfangreichen sozialen und beruflichen Problemlagen betroffen sind. Für den nachhaltigen Rehabilitationserfolg ist die konsequente Abstimmung der Leistungserbringung mit den jeweiligen spezifischen Bedarfen der Patientinnen und Patienten jedoch unumgänglich. Suchtfachkliniken können diese Anforderung nur dann erfüllen, wenn die bedarfsgerechte Patientenversorgung von den Leistungsträgern auch adäquat vergütet wird. Ziel des Beitrags ist daher die Erarbeitung eines Vergütungssystems für die stationäre Entwöhnungsbehandlung, das aufseiten der Leistungsträger genügend Anreize für eine leistungsgerechte Vergütung und aufseiten der Leistungserbringer eine ausreichende Motivation zur bedarfsgerechten Leistungserstellung bewirkt. Durch Schaffung eines optimalen Ausgleichs zwischen diesen beiden Prämissen soll das Vergütungssystem eine patientenindividuelle und damit nachhaltige und wirkungsvolle Versorgung abhängigkeitskranker Menschen im Rahmen der stationären Entwöhnungsbehandlung fördern.

Abhängigkeitserkrankungen zählen zu den häufigsten psychischen Störungen. In Deutschland weisen schätzungsweise 3,7 Mio. Menschen im Alter von 18 bis 79 Jahren eine Abhängigkeit von Alkohol, Medikamenten und/oder illegalen Drogen auf (vgl. Jacobi et al., 2014, S. 80). Hinzu kommen stoffungebundene Abhängigkeiten, wie das pathologische Glücksspiel und das pathologische (Online-)Computerspiel, die zukünftig in der neuen ICD-11 ebenfalls als suchtbedingte Störungen klassifiziert werden sollen (vgl. Wölfling et al., 2017b, S. 45).

Abhängigkeitserkrankungen sind für die Betroffenen selbst und deren Angehörige, aber auch für die Sozialversicherungsträger sowie die Gesellschaft insgesamt mit hohen Kosten verbunden. Allein der schädliche Konsum von Alkohol verursacht in Deutschland schätzungsweise 9,15 Mrd. Euro direkte und 30,15 Mrd. Euro indirekte Kosten pro Jahr (vgl. Effertz, 2015. S. 315 ff.). Aufgrund der enormen Krankheitslast und der damit verbundenen gesellschaftlichen Relevanz ist die adäquate Behandlung von Menschen mit Suchterkrankungen nicht nur aus individueller, sondern auch aus Public-Health-Perspektive von hoher Bedeutung (vgl. Steuergruppe Herausforderung Sucht, 2010, S. 26 f.). Das deutsche Suchthilfesystem bietet ein breites und differenziertes Angebot von Hilfen und Interventionen, weist jedoch eine sehr komplexe Struktur auf (vgl. Bartsch, 2017, S. 5). Kennzeichnend sind die wechselnden Zuständigkeiten mit unterschiedlichen gesetzlichen Grundlagen, Leistungsträgern, Leistungserbringern und Zielgruppen (vgl. Koch, 2015, S. 2). Die Aufteilung der Leistungsträgerschaft kann die ganzheitliche und kontinuierliche Suchtbehandlung gefährden (vgl. Bartsch, 2017, S. 8). Besonders hoch ist das Risiko beim Übergang des Patienten von einer Behandlungsphase in die nächste, wie beispielsweise von der Akuttherapie in die Rehabilitation (vgl. Wendt, 2017, S. 41 f.).

Einen entscheidenden Beitrag zur Reduzierung der Krankheitslast durch Abhängigkeitserkrankungen bieten Entwöhnungsbehandlungen, die sozialrechtlich als medizinische Rehabilitation gelten (vgl. Tölle/Windgassen, 2014, S. 150). Entwöhnungsbehandlungen können stationär oder (ganztägig) ambulant durchgeführt werden. Der Leistungsträger entscheidet anhand des Sozialberichts und der medizinischen Befunde, in welcher Form die Entwöhnungsbehandlung durchgeführt werden soll (vgl. DRV Bund, 2017a, S. 12), wobei der überwiegende Teil dieser Behandlungen stationär erfolgt (vgl. Dauber et al., 2018, S. 105 f.).

Die Entwöhnungsbehandlung schließt im Idealfall nahtlos an die Entzugsphase an (vgl. Wendt, 2017, S. 31) und hat zum Ziel, die Abstinenz zu erhalten, die körperlichen und seelischen Störungen weitestgehend zu beheben oder auszugleichen und die Eingliederung in Arbeit, Beruf und Gesellschaft zu erreichen bzw. möglichst dauerhaft zu erhalten (vgl. DRV Bund, 2013, S. 3). Eine solche tiefgreifende Verhaltensänderung kann nur über eine dauerhafte Umorientierung des Belohnungssystems mittels neuroplastischer Veränderungen im Gehirn und neuer Lernerfahrungen erreicht werden (vgl. Vogelgesang, 2016, S. 261). Aufgrund der Komplexität der Problemlagen der Patientinnen und Patienten enthält die Entwöhnungsbehandlung neben Leistungen zur medizinischen Rehabilitation auch Interventionen, die zur Teilhabe am Leben in der Gemeinschaft bzw. am Berufsleben beitragen. Hierzu gehören der Aufbau und die Festigung von Schlüsselqualifikationen, arbeitsbezogene Maßnahmen sowie die Sicherung der Wohnsituation, die Einleitung der Schuldenregulierung und das Erlernen von befriedigenden Freizeitaktivitäten (vgl. DRV Bund, 2013, S. 38).

Die Finanzierung der Suchtrehabilitation fällt i. d. R. in den Zuständigkeitsbereich der Deutschen Rentenversicherung (DRV) (vgl. DRV Bund, 2013, S. 4), die sich zusammensetzt aus der DRV Bund, der DRV Knappschaft-Bahn-See sowie 14 Regionalträgern (vgl. Ludolph, 2013, S. 322). Inhaltliche Voraussetzung für die Bewilligung einer Entwöhnungsbehandlung durch die DRV ist die bereits bestehende oder drohende Beeinträchtigung der Teilhabe am Erwerbsleben (vgl. Vogelgesang, 2016, S. 259). Nach dem Prinzip „Reha vor Rente“ verfolgt die DRV das Ziel, die Arbeitsfähigkeit der Betroffenen zu erhalten bzw. wiederherzustellen und Frühverrentungen zu vermeiden (vgl. Penter/Augurzky, 2014, S. 170).

Die Zuständigkeit der Gesetzlichen Krankenversicherung (GKV) ist subsidiär. Sie finanziert eine Entwöhnungsbehandlung nur für Betroffene, die nicht in den Zuständigkeitsbereich der DRV fallen (vgl. SVR Gesundheit, 2014, S. 272). Dies trifft auf Menschen zu, die bisher noch nicht sozialversicherungspflichtig beschäftigt waren oder dauerhaft aus dem Erwerbsleben ausgeschieden sind (vgl. DRV Bund, 2013, S. 4). Nach dem Prinzip „Reha vor Pflege“ verfolgt die GKV mit der medizinischen Rehabilitation das Ziel, eine Behinderung einschließlich der Pflegebedürftigkeit zu verhindern (vgl. G-BA, 2018, S. 3).

Bei der Behandlung Abhängigkeitserkrankter besteht das Problem der großen Heterogenität der Patientinnen und Patienten, die neben der Hauptsuchtmitteldiagnose oftmals Komorbiditäten in Bezug auf weitere suchtbezogene Störungen sowie psychische und somatische Erkrankungen aufweisen (vgl. Moggi, 2014, S. 10). Des Weiteren gehen Abhängigkeitserkrankungen häufig mit gravierenden Einschränkungen im Bereich der sozialen Beziehungen und der Erwerbstätigkeit einher. Mit der Dauer der Abhängigkeit und den damit zusammenhängenden physischen und psychischen Begleiterscheinungen steigen i. d. R. auch die Beeinträchtigungen bei den individuellen, sozialen und beruflichen Aktivitäten (vgl. Schuntermann, 2011, S. 13). Für eine wirkungsvolle Therapie mit dem Ziel der Teilhabe am sozialen Leben ist eine umfassende Berücksichtigung dieser patientenindividuellen Beeinträchtigungen unumgänglich (vgl. Kunz/Schneider, 2017, S. 12). Voraussetzung hierfür ist jedoch die angemessene Vergütung der damit einhergehenden spezifischen und auf den einzelnen Fall bezogenen Leistungsanforderungen (vgl. Günthner et al., 2016, S. 340).

Die derzeitige Vergütung der medizinischen Rehabilitation sieht jedoch keine Differenzierung zusätzlicher kostenverursachender Anforderungen und damit auch keine systematische Honorierung einer umfassenden Patientenorientierung bei der Leistungserbringung vor (vgl. Borges et al., 2017, S. 29). Für die Einrichtungen besteht aus wirtschaftlicher Sicht kaum Motivation, eine besonders hohe Qualität im Sinne einer patientenindividuellen Behandlung zu erbringen (vgl. Farin/Jäckel, 2011, S. 181). Aufgrund der monistischen Finanzierung in der Rehabilitation steigt der wirtschaftliche Druck zusätzlich, da die Kliniken neben den Betriebskosten auch die für die Versorgung erforderlichen Investitionen aus den Erträgen der Leistungserbringung finanzieren müssen (vgl. Borges/Zimolong, 2016, S. 20).

Ziel dieses Beitrags ist daher die Erarbeitung eines Vergütungssystems für die stationäre Entwöhnungsbehandlung. Das Vergütungssystem soll den beteiligten Stakeholdern, d. h. insbesondere Patientinnen und Patienten, Leistungserbringern und Leistungsträgern sowie der Gesellschaft insgesamt einen relevanten Nutzen bringen (vgl. Amelung et al., 2018). Es soll die Voraussetzungen dafür schaffen, dass für jeden Rehabilitanden die optimalen therapeutischen Maßnahmen angeboten werden können, um damit die Wahrscheinlichkeit eines nachhaltigen Therapieerfolges zu erhöhen. Die Leistungserbringer sollen in die Lage versetzt werden, trotz begrenzter Ressourcen eine bedarfsgerechte und qualitativ hochwertige Rehabilitation anbieten zu können. Damit kann entscheidend dazu beigetragen werden, die negativen Folgen von Suchterkrankungen für den Einzelnen sowie auf volkswirtschaftlicher Ebene zu minimieren (vgl. Spyra et al., 2011a, S. 299). Die Erarbeitung solch eines Vergütungssystems wird im Folgenden durch die Methodik der selektiven Literaturrecherche umgesetzt.

Dafür gibt Kapitel 4.1 zunächst einen Überblick über verschiedene bestehende Vergütungssysteme stationärer Gesundheitsleistung. In diesem Zusammenhang wird auf die derzeitige Vergütung von Leistungen der stationären medizinischen Rehabilitation und damit auch der Leistungen der stationären Suchtrehabilitation eingegangen. Daran anschließend werden in Kapitel 4.2 Modellprojekte zur Leistungsvergütung im Bereich der medizinischen Rehabilitation erläutert. In Kapitel 4.3 werden verschiedene Systeme zur Klassifikation, Dokumentation sowie zur Qualitätssicherung vorgestellt, die u. a. auch auf den Bereich der Suchtrehabilitation anwendbar sind oder sogar speziell für diesen Indikationsbereich entwickelt wurden. Auf Grundlage der vorangegangenen Ausführungen erfolgt in Kapitel 4.4 die Erarbeitung des neuen Vergütungssystems für die stationäre Suchtrehabilitation. Bei der Entwicklung des neuen Vergütungssystems werden Teilaspekte der verschiedenen Systeme zur Vergütung stationärer Gesundheitsleistungen sowie der Modellprojekte zur Vergütung von Rehabilitationsleistungen miteinander kombiniert. Dies geschieht unter der Zielsetzung einer praktikablen und ressourcenschonenden Umsetzung des Vergütungssystems.

4.1 Analyse von Vergütungssystemen stationärer Gesundheitsleistungen

Für die Entwicklung des neuen Vergütungssystems wurden zunächst bereits gebräuchliche Entgeltsysteme für stationäre Gesundheitsleistungen im Hinblick auf ihre Eignung zur Erfüllung der Zielanforderungen analysiert. Die Vergütung nach tagesgleichen Pflegesätzen, die zwischen Leistungsträger und Leistungserbringer individuell verhandelt werden, entspricht im Wesentlichen dem derzeitigen System der Vergütung von Leistungen der stationären medizinischen Rehabilitation (vgl. Borges et al., 2017, S. 29). Die Vergütung ist unabhängig von der patientenindividuellen Diagnose sowie dem jeweils erforderlichen Behandlungsaufwand und richtet sich nur nach der Anzahl der Pflegetage (vgl. Hergeth, 2015, S. 391). Für die Leistungserbringer besteht daher der Anreiz, die Verweildauer auch ohne Indikationsbezug zu verlängern und gleichzeitig die am einzelnen Patienten je Behandlungstag erbrachten Leistungen möglichst zu reduzieren (vgl. Gerlinger, 2012, S. 1). Aufgrund ihrer unterschiedlichen psychosozialen Komponenten und Komorbiditäten weisen gerade die Patientinnen und Patienten in der Suchttherapie eine vergleichsweise geringe Homogenität auf. Daher ist eine Vergütung über tagesgleiche Pflegesätze kaum geeignet, die tatsächlichen Kosten des jeweiligen Patienten-Behandlungsfalls zu erfassen und somit eine patientenorientierte Versorgung zu fördern (vgl. Wasem et al., 2012, S. 29). Generell weisen die Vergütungssätze in der medizinischen Rehabilitation und somit auch im Bereich der stationären Entwöhnungsbehandlung eine geringe Differenzierung auf und richten sich nur grob nach der Indikation oder der Fallschwere. Es bestehen keine gesetzlichen Vorgaben für Kriterien, an deren sich die tagespauschalierte Vergütung zu orientieren hat (vgl. SVR Gesundheit, 2014, S. 292).

Zur Erarbeitung eines geeigneten Vergütungssystems wird im Weiteren die Vergütung nach diagnosebezogenen Fallgruppen, die sich im System der Diagnosis Related Groups (DRG) der Akutversorgung wiederfindet, betrachtet (vgl. Gerlinger, 2012, S. 2). Bei einer Vergütung über Fallpauschalen besteht für die Leistungserbringer der Anreiz, die Patientinnen und Patienten möglichst frühzeitig aus der Behandlung zu entlassen sowie einen Behandlungsfall in mehrere Abrechnungsfälle aufzuteilen (vgl. Schulenburg/Greiner, 2013, S. 186). Darüber hinaus fördert die Vergütung über Fallpauschalen das Bestreben, die Kosten für die erbrachten Leistungen unterhalb der erstatteten Preise zu senken. Dies kann die Versorgungsqualität gefährden (vgl. Gerlinger, 2012, S. 3). Weitere mögliche

Fehlanreize eines reinen Fallpauschalen-Systems sind die Ausgrenzung von solchen Patientinnen und Patienten, deren spezieller Versorgungsbedarf nicht kostengerecht kodierbar ist (vgl. Domurath, 2015, S. 760 f.), sowie die Tendenz zum sogenannten *Upcoding*, bei dem die Fallschwere zu hoch angegeben wird, um eine höhere Vergütung zu erzielen (vgl. Jürges/Köberlein, 2015, S. 24).

Ziel des pauschalisierenden Entgeltsystems Psychiatrie und Psychosomatik (PEPP), das seit 2018 verbindlich für entsprechende Einrichtungen und Abteilungen umgesetzt werden muss (vgl. Kuhn-Thiel et al., 2018, S. 24), ist die Berücksichtigung der besonderen Situation der Patienten sowie die differenzierte und leistungsgerechte Vergütung der hierzu erforderlichen Interventionen (vgl. Vollmann, 2014, S. 1410). Im PEPP-System wird jeder Fall zur Abrechnung einer Entgeltkategorie in Form einer Fallgruppe zugeordnet, die – wie das System selbst – als PEPP bezeichnet wird (vgl. Horter et al., 2016, S. 6). Aufgrund der besonderen Bedarfe suchtkranker Menschen und ihren vielfältigen Problemlagen erscheint die Zuordnung der Patientinnen und Patienten zu einer festen Fallgruppe, wie sie das PEPP- und auch das DRG-System vorsehen, wenig geeignet für den Bereich der stationären Entwöhnungstherapie (vgl. Wasem et al., 2012, S. 13). Der degressive Verlauf der tagespauschalierten Vergütung im PEPP-System ist ebenfalls kaum kompatibel mit der Versorgungsrealität in der Suchtrehabilitation, da während der Behandlung oftmals psychosoziale Krisen auftreten und der Versorgungsaufwand gegen Ende der Rehabilitation infolge der Vorbereitung und Einleitung der Nachsorgemaßnahmen tendenziell sogar zunimmt (vgl. Schäfer et al., 2016, S. 77; Missel et al., 2016, S. 307). Wie bei der DRG-Vergütung besteht auch beim PEPP-System das Risiko zur Patientenselektion. Patientinnen und Patienten, deren schwere Krankheitsverläufe und komplexe Klärungsbedarfe von der PEPP-Vergütungsstruktur nur inadäquat abgebildet werden, sind für die Einrichtungen aus ökonomischer Sicht uninteressant (vgl. Horter et al., 2016, S. 80 f.).

Mit Pay-for-Performance wird eine Methode zur Vergütung von Versorgungsleistungen auf ihre Eignung untersucht, die in der Praxis kein eigenständiges Vergütungsmodell darstellt, jedoch einen zusätzlichen variablen Vergütungsbestandteil kennzeichnet, der in Abhängigkeit von der Zielerreichung entrichtet wird (vgl. Peters/Feldmann, 2017, S. 441). Pay-for-Performance basiert auf der Annahme, dass die Versorgungsqualität durch entsprechende finanzielle Anreize, die das Verhalten der Leistungserbringer positiv beeinflussen, erhöht werden kann (vgl. Flodgren et al., 2011, S. 3). Die zusätzliche Vergütung richtet sich nicht nach der Menge der erbrachten Leistungen, sondern nach dem Erreichungsgrad vorab definierter Qualitätsziele. Auch wenn dies nicht als primäres Ziel von Pay-for-Performance gesehen wird, sollen durch die Erzielung einer höheren Versorgungsqualität langfristig Kosten reduziert werden. Da sich die Behandlungsqualität nicht direkt messen lässt, müssen zu deren Bewertung geeignete Indikatoren herangezogen werden. Die Struktur- und die Prozessqualität lassen sich über Indikatoren relativ leicht messen, jedoch stellt sich die Frage nach der Kausalität zwischen diesen beiden Qualitätsdimensionen und der Behandlungsqualität (vgl. Amelung et al., 2013, S. 8 f.). Beim direkten Bezug der Indikatoren auf die Ergebnisqualität besteht das Problem, dass der Behandlungserfolg i. d. R. nur schwer messbar ist (vgl. Breyer et al., 2013, S. 420) und zudem von zahlreichen Faktoren abhängt, auf die der Leistungserbringer nur wenig Einfluss hat, wie beispielsweise die Patienten-Compliance und die allgemeine gesundheitliche Konstitution der Patientinnen und Patienten (vgl. Harney et al., 2014, S. 368). Beim Einsatz von Pay-for-Performance-Elementen besteht das Risiko, dass die Leistungserbringer den Fokus einzig auf diejenigen Qualitätsparameter legen, die über die Pay-for-Performance-Vergütungsstruktur erfasst werden. Andere für die qualitativ hochwertige Versorgung relevante Aspekte und das allgemeine Wohl der Patientinnen und Patienten könnten dabei vernachlässigt werden (vgl. Maio, 2015, S. 1356). Eine effiziente Versorgungssteuerung ist somit nicht allein über Pay-for-Performance zu erreichen, dennoch kann dieser Vergütungsbestandteil einen wesentlichen Beitrag dazu leisten, von der reinen Mengenorientierung abzuweichen und sich einer Qualitätsorientierung anzunähern (vgl. Amelung et al., 2013, S. 13).

4.2 Analyse von ausgewählten Modellprojekten im Bereich der medizinischen Rehabilitation

Im Folgenden werden verschiedene Modellprojekte zur Leistungsvergütung im Bereich der medizinischen Rehabilitation analysiert:

a) Das Modell der *Rehabilitationsbehandlungsgruppen* (RBG) ist ein Patientenklassifikationsmodell, welches speziell auf die Belange der stationären medizinischen Rehabilitation in Deutschland ausgerichtet ist (vgl. Ranneberg/Neubauer, 2005, S. 34). Es wurde vom Institut für Gesundheitsökonomik in München unter der Prämisse der medizinischen Plausibilität und der ökonomischen Homogenität entwickelt und sollte als Grundlage für eine fallbezogene Vergütung von Rehabilitationsleistungen dienen (vgl. Neubauer/Ranneberg, 2005, S. 23).
Das RBG-Klassifikationsmodell ist vierstufig aufgebaut. Auf Stufe 1 erfolgt eine Aufteilung nach den unterschiedlichen Fachrichtungen, die in Stufe 2 dann weiter in die Subkategorien Anschlussheilbehandlung und Heilverfahren differenziert werden. Dies dient der Berücksichtigung der unterschiedlichen Zielsetzungen sowie der zu vermutenden Abweichungen im Verbesserungspotenzial zwischen den beiden Behandlungsbereichen. In Stufe 3 erfolgt dann innerhalb der jeweiligen Subkategorie auf Grundlage der jeweiligen Hauptdiagnose bzw. Indikation die Festlegung von sogenannten Basis-RBGs. Auf Stufe 4 werden diese Basis-RBGs nach ökonomisch relevanten Schweregradindikatoren weiter in die bedarfs- und kostenhomogenen Schweregrad-RBGs unterteilt. Die Ermittlung der Bedarfsunterschiede erfolgt auf Grundlage des behandlungsvariablen Ressourcenverbrauchs pro Tag und nicht pro Behandlungsfall (vgl. Neubauer/Ranneberg, 2005, S. 25, 49).
Die Ressourcenkalkulation zur Ermittlung der jeweiligen RBGs bezieht sich nur auf die direkten medizinisch-therapeutischen Leistungen und Kosten. Der Kostenblock für die sogenannten Basis- und Sekundärleistungen – wie Verpflegung, Unterkunft und Reinigung, Verwaltung, Instandhaltung, Abschreibungen und Investitionen –,

der unabhängig vom spezifischen Behandlungsbedarf für alle Patientinnen und Patienten im weitestgehend gleichen Umfang ausfällt, ist nicht gruppierungsrelevant (vgl. Neubauer/Ranneberg, 2005, S. 46).

b) Bei den *Rehabilitanden-Management-Kategorien* (RMK) handelt es sich um ein bedarfs- und leistungsbezogenes Patientenklassifikationssystem, mit dessen Entwicklung im Jahr 1997 an der Charité-Universitätsmedizin Berlin mit Unterstützung der DRV begonnen wurde. Bisher liegen Ergebnisse für die Indikationsbereiche Alkoholabhängigkeit sowie muskuloskelettale Krankheiten vor (vgl. Spyra et al., 2010, S. 64). Wesentliche Bestandteile des RMK-Konzepts sind zum einen die Unterscheidung von Patientenfallgruppen nach ihrem rehabilitationsrelevanten Beeinträchtigungsprofil und zum anderen die Definition entsprechender Behandlungsanforderungen (vgl. Spyra et al., 2011b, S. 20).
Die Einordnung der Patientinnen und Patienten in die jeweilige RMK erfolgt nach einem hierarchischen Schema. Ausgehend von den Hauptindikationsgruppen nach der ICD werden klinisch relevante Untergruppen gebildet (vgl. Spyra et al., 2010, S. 65). Für die anschließende rehabilitationsspezifische Differenzierung nach Schweregraden wurde ein spezielles RMK-Assessment entwickelt, das bereits etablierte Instrumente enthält, mit denen die somatischen, psychischen und sozialen Beeinträchtigungen der Patientinnen und Patienten erfasst werden können (vgl. Spyra et al., 2011a, S. 300 f.).

c) Das Projekt *Ergebnisorientierte Vergütung in der neurologischen Rehabilitation nach Schlaganfall* (ERGOV) zielt auf die Entwicklung eines neuen Vergütungsverfahrens ab, das für die Leistungsträger kostenneutral ist und die Einrichtungen durch finanzielle Anreize dazu motivieren soll, bei den behandelten Patientinnen und Patienten möglichst gute Rehabilitationsergebnisse zu erzielen (vgl. Gerdes et al., 2009, S. 190). Kern dieses Pay-for-Performance-Modells ist ein am Behandlungsergebnis ausgerichtetes Bonus- und Malus-

system für die beteiligten Einrichtungen, durch das eine gerechtere Verteilung der vorhandenen Mittel ermöglicht werden soll (vgl. Schlingensiepen, 2009).
Auf Grundlage verschiedener, bereits erprobter Instrumente wurde mit dem „Selbstständigkeits-Index für die Neurologische und Geriatrische Rehabilitation" (SINGER) ein Assessment-Instrument entwickelt, das die Fähigkeiten sowie den Hilfebedarf der Patientinnen und Patienten bei Verrichtungen des täglichen Lebens, zum Zeitpunkt der Aufnahme in die Einrichtung und der Entlassung misst (vgl. Schlingensiepen, 2009). Die einzelnen Items werden zu einem Summenscore zusammengefasst, sodass der Effektevergleich der Ergebnisqualität zwischen den einzelnen Kliniken an einem einzigen Parameter festgemacht werden kann (vgl. Gerdes et al., 2012, S. 291). Um die unterschiedlichen Case-Mixes in den Kliniken auszugleichen und einen neutralen Vergleich der Behandlungseffekte zu ermöglichen, wurde zudem ein regressionsanalytisches Verfahren zur Risikoadjustierung bestimmter Patientenmerkmale angewandt (vgl. Gerdes et al., 2009, S. 194).

4.3 Systeme und Instrumente zur Klassifikation, Dokumentation und Qualitätssicherung

Für die Akzeptanz eines neuen Vergütungssystems ist es erforderlich, dass das System für alle Beteiligten, insbesondere für die Leistungserbringer und die Leistungsträger, praktikabel und ressourcenschonend umsetzbar ist. Um den zusätzlichen finanziellen, personellen und zeitlichen Aufwand zur Erarbeitung, Umsetzung und Anwendung des neuen Vergütungssystems möglichst gering zu halten, sollen daher vorhandene und in der (Sucht-)Rehabilitation bereits etablierte Systeme und Instrumente genutzt werden (vgl. Klosterhuis, 2008, S. 185). Daher wurden entsprechende Systeme und Instrumente zur Klassifikation, Dokumentation und Qualitätssicherung auf ihre Eignung zur Implementierung in das neue Vergütungssystem untersucht.

Systeme zur Klassifikation von Krankheiten und Störungen

Für die Erhebung des psychopathologischen Befunds stehen bestimmte Begriffs- und Ordnungssysteme zur Verfügung (vgl. Jäger, 2015, S. 29). International anerkannt sind die *International Statistical Classification of Diseases and Related Health Problems* (ICD) der *World Health Organization* (WHO) und ergänzend dazu die *International Classification of Functioning, Disability and Health* (ICF), die fach- und länderübergreifend zur einheitlichen und standardisierten Beschreibung des funktionalen Gesundheitszustands, der Behinderung, der sozialen Beeinträchtigung und der relevanten Umgebungsfaktoren eines Menschen angewendet wird (vgl. DIMDI, 2018). Des Weiteren liegt mit dem von der *American Psychiatric Association* (APA) inzwischen in der fünften Version herausgegebenen *Diagnostic and Statistical Manual of Mental Disorder*s (DSM-5) ein eigens für den Bereich der psychischen Erkrankungen entwickeltes Klassifikationsmodell vor (vgl. Jäger et al., 2015, S. 38).

Kerndatensatz zur Dokumentation in der Suchtkrankenhilfe

Der von der Deutschen Hauptstelle für Suchtfragen e. V. (DHS) herausgegebene Deutsche Kerndatensatz (KDS) dient dazu, die wesentlichen Informationen über die in der Suchthilfe geleistete Arbeit einheitlich zu erfassen und zu dokumentieren (vgl. DHS/DBDD, 2019, S. 1). Die Daten stammen von Einrichtungen der ambulanten und stationären Suchthilfe, welche die Informationen entsprechend den Vorgaben des KDS dokumentieren und an das Institut für Therapieforschung (IFT) weiterleiten. Das IFT wertet die zusammengefassten Daten aus und veröffentlicht sie jährlich als Deutsche Suchthilfestatistik (DSHS) (vgl. Dauber et al., 2018, S. 5).

Der KDS enthält vier Module, die die Grundlage für eine einheitliche und vergleichbare Dokumentation bilden. Die KDS-Einrichtung liefert eine differenzierte Beschreibung des Leistungsspektrums der Institutionen, in denen die Behandlungen durchgeführt werden. Die Items des KDS-Falls erfassen sozidemografische Angaben und Informationen zu suchtbezogenen Problembereichen und Vorbehandlungen, welche für die Bereiche der Epidemiologie, Prävention, Beratung, Betreuung und Behandlung sowie für die Verbesserung der sozialen und beruflichen Teilhabe von besonderer Bedeutung sind (vgl. DHS/DBDD, 2019, S. 2 ff.). Der Kerntabellensatz baut auf dem KDS-Fall auf und dient der einheitlichen Zusammenführung von Informationen aus den verschiedenen Dokumentationssystemen der Einrichtungen. Mithilfe eines Aggregierungsprogramms werden aus den Fallzahlen Häufigkeitstabellen erstellt. Die KDS-Katamnese wurde als separates Modul entwickelt, jedoch mit Bezug auf die Systematik und die Zielsetzung der KDS-Einrichtung und des KDS-Falls. Die einheitliche Nachbefragung der Patientinnen und Patienten ermöglicht die standardisierte Überprüfung der Stabilität und der Nachhaltigkeit des Behandlungserfolgs. Darüber hinaus kann die Erfolgsquote der eigenen Einrichtung mit der anderer Einrichtungen verglichen werden (vgl. DHS/DBDD, 2019, S. 96 ff.).

Zielgruppendefinition im Rahmen des BORA-Konzepts

Im Jahr 2014 wurde die Arbeitsgruppe „Berufliche Orientierung in der medizinischen Rehabilitation Abhängigkeitskranker" (BORA) aus Vertretern der DRV und der Suchtfachverbände eingesetzt, um entsprechende Empfehlungen zur Arbeits- und Berufsorientierung zu entwickeln. Damit wurde der hohen Bedeutung arbeitsbezogener Maßnahmen im Indikationsbereich der Abhängigkeitserkrankungen Rechnung getragen (vgl. Koch, 2015, S. 2). Zur praxisnahen Strukturierung der BORA-Empfehlungen wurde eine entsprechende Zielgruppendifferenzierung vorgenommen (vgl. Tab. 4.1).

Tab. 4.1: Zielgruppendefinition nach dem BORA-Konzept (vgl. Gemeinsame Arbeitsgruppe BORA, 2014, S. 12)

Erwerbsstatus	Zielgruppe	Beschreibung
Rehabilitanden in Arbeit	1	Rehabilitanden in Arbeit ohne besondere erwerbsbezogene Problemlagen
	2	Rehabilitanden in Arbeit mit besonderen erwerbsbezogenen Problemlagen

Erwerbsstatus	Zielgruppe	Beschreibung
Rehabilitanden ohne Arbeit	3	Arbeitslose Rehabilitanden nach SGB III (ALG I) sowie Erwerbstätige, die während einer Krankschreibung arbeitslos geworden sind, und Erwerbstätige, die langzeitarbeitsunfähig sind und nach 18 Monaten von der Krankenkasse ausgesteuert werden (Arbeitsplatz noch vorhanden, Bezug von ALG I oder ALG II)
	4	Arbeitslose Rehabilitanden nach SGB II (ALG II)
Nichterwerbstätige	5	Schülerinnen und Schüler, Studierende, Hausfrauen und -männer, Rentnerinnen und Rentner und sonstige Nichterwerbstätige

Die BORA-Empfehlungen sehen vor, dass die Einrichtungen zu Beginn der Rehabilitation im Rahmen der Eingangsdiagnostik ein Screening zur Zuordnung der Patientinnen und Patienten durchführen (vgl. Koch/ Schinner, 2015, S. 3). Zielgruppen sind Rehabilitanden mit besonderen erwerbsbezogenen Problemlagen, wie z. B. lange bzw. häufige Fehlzeiten, drohender Arbeitsplatzverlust bzw. Arbeitslosigkeit und/oder die sozialmedizinische Notwendigkeit einer beruflichen Veränderung. Für diese Rehabilitandinnen und Rehabilitanden sind dann im nächsten Schritt individuelle Therapieziele zu entwickeln, die sich unter Berücksichtigung der ICF am jeweiligen Rehabilitationsbedarf orientieren (vgl. Gemeinsame Arbeitsgruppe BORA, 2014, S. 4 f.).

Instrumente zur Qualitätssicherung in der medizinischen Rehabilitation

Einrichtungen der medizinischen Rehabilitation unterliegen spezifischen Regelungen zur Qualitätssicherung (§ 135a Abs. 2 SGB V; § 20 SGB IX). Die DRV verfolgt mit ihrem umfassenden Ansatz der externen Qualitätssicherung das Ziel, die verschiedenen Aspekte der Struktur-, Prozess- und Ergebnisqualität möglichst umfassend zu berücksichtigen. Die fortlaufende Datenerhebung, -auswertung und Berichterstattung der Ergebnisse zurück an die Einrichtungen soll einen kontinuierlichen Verbesserungsprozess bewirken (vgl. Klosterhuis, 2008, S. 184). Abb. 4.1 zeigt die Instrumente der DRV für die Qualitätssicherung in der Rehabilitation.

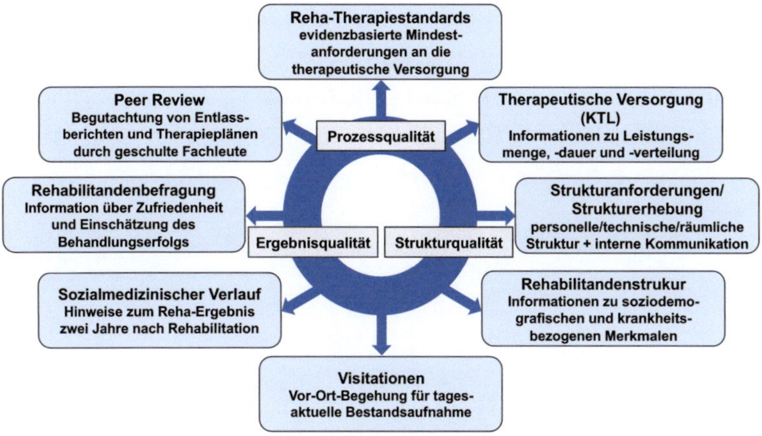

Abb. 4.1: Instrumente der DRV für die Qualitätssicherung in der Rehabilitation (vgl. DRV Bund, 2017c, S. 1 ff.)

Die GKV verfügt mit dem QS-Reha-Verfahren ebenfalls über ein externes Qualitätssicherungsprogramm für den Bereich der Rehabilitation (vgl. Kladny, 2015, S. 108). Für jede Indikation der medizinischen Rehabilitation wurden im Hinblick auf die jeweiligen besonderen Anforderungen und dem damit einhergehenden Versorgungsaufwand spezifische Instrumente entwickelt (vgl. QS-Reha, 2017b, S. 7). Beim QS-Reha-Verfahren erfolgt jedoch im Gegensatz zum Qualitätssicherungsprogramm der DRV keine kontinuierliche Datenerhebung in Form einzelner Stichproben (vgl. Farin/Jäckel, 2011, S. 178). Stattdessen sind die Einrichtungen verpflichtet, alle drei Jahre zum vorgegebenen Stichtag an dem Verfahren teilzunehmen (vgl. QS-Reha, 2017b, S. 15).

4.4 Entwicklung des neuen Vergütungssystems 3sVS-Sucht

Ausgehend von den beiden wesentlichen Anforderungen, die an ein Vergütungssystem gestellt werden - zum einen die leistungsgerechte Vergütung und zum anderen die bedarfsorientierte Leistungserstellung - muss das neue System in der Lage sein, entsprechende Anreize aufseiten der Leistungserbringer sowie aufseiten der Leistungsträger zu bewirken. Um diese Anreizfunktion zu erreichen, erhält das neue Vergütungssystem einen dreistufigen Aufbau, in welchem Komponenten bereits bestehender und zum Teil langjährig erprobter Vergütungssysteme, aber auch innovativer Entgeltmodelle für Gesundheitsleistungen enthalten sind. Abb. 4.2 stellt die Grundzüge des Vergütungssystems 3sVS-Sucht dar.

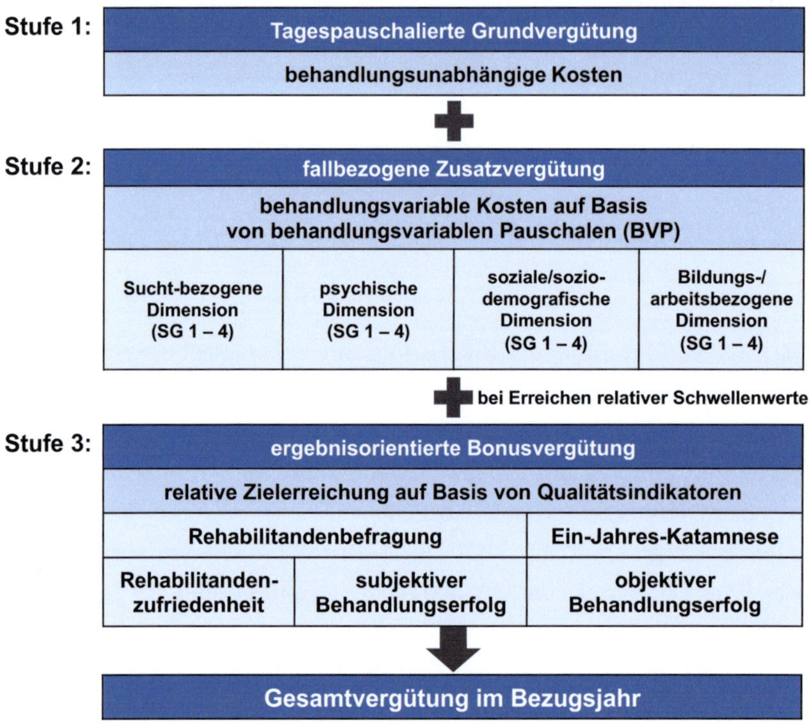

Abb. 4.2: Aufbau des Vergütungssystems 3sVS-Sucht

Leistungsträger der Entwöhnungsbehandlung im neuen System

Das 3sVS-Sucht sieht eine eindeutige und einheitliche Regelung der Leistungsträgerschaft vor. Die DRV ist in dem neuen System weiterhin zuständig für die Rehabilitation erwerbstätiger Menschen. Zusätzlich sollten Entwöhnungsbehandlungen junger, bisher noch nicht erwerbstätiger Menschen ebenfalls in den Zuständigkeitsbereich der DRV fallen, da die Rentenversicherungsträger im besonderen Maße von einer möglichst dauerhaften Eingliederung dieser Altersgruppe in Schule, Arbeit, Beruf und Gesellschaft profitieren (vgl. Holtmann et al., 2018, S. 174).

Bei dauerhaft nicht mehr erwerbsfähigen Rehabilitandinnen und Rehabilitanden ist neben der GKV zusätzlich die Soziale Pflegeversicherung (SPV) an den Kosten der Entwöhnungsbehandlung zu beteiligen (vgl. Augurzky et al., 2011, S. 75). Aufgrund der demografischen Entwicklung ist davon auszugehen, dass die Bedeutung der Suchtrehabilitationen zur Verhinderung bzw. Verzögerung von Pflegebedürftigkeit in Zukunft noch zunehmen wird, sodass die Einbindung der SPV umso dringender ist (vgl. SVR Gesundheit, 2014, S. 272).

Einrichtung der Zentralen Koordinationsstelle Suchtreha

Die Qualitätsorientierung stellt einen bedeutsamen Aspekt des 3sVS-Sucht dar, da auf der dritten Stufe des Vergütungssystems Pay-for-Performance-Elemente enthalten sind, die sich am Erreichen relativer qualitativer Schwellenwerte orientieren und sich direkt auf die Höhe der Vergütung auswirken (vgl. Amelung et al., 2013, S. 8). Hinzu kommt, dass der Bundesvorstand der DRV Bund vor dem Hintergrund des Vergabemodernisierungsgesetzes (VergModG) im Jahr 2016 die Einführung eines offenen Zulassungsverfahrens beschlossen hat, bei dem jede Einrichtung, die die qualitativen Anforderungen erfüllt, einen Anspruch auf Zulassung durch Abschluss eines Vertrags nach § 21 SGB IX mit den Trägern der DRV hat (vgl. Weissinger, 2018, S. 45). Für die Auswahl einer geeigneten Einrichtung sollen die DRV-Träger zukünftig auf das derzeit in Entwicklung befindliche technische Verfahren Rentenversicherung Sozialmedizinischer Dienst (rvSMD) zurückgreifen, in dem die sozialmedizinischen Auswahlkriterien wie Hauptdiagnose und Nebendiagnosen sowie Sonderanforderungen programmtechnisch abgebildet werden (vgl. Buntenbach/Gunkel, 2017). Sind mehrere Einrichtungen zur Behandlung des jeweiligen Patienten geeignet, erfolgt eine einheitliche Anwendung weiterer Auswahlkriterien, die in den Auswahlalgorithmus des rvSMD eingepflegt werden; der Aspekt der Einrichtungsqualität erhält dabei eine besonders hohe Gewichtung (vgl. Weissinger, 2018, S. 45).

Die Verzahnung von Vergütung, Qualitätssicherung und Belegungssteuerung erfordert ein einheitliches Vorgehen bei der Zuweisung der Patientinnen und Patienten zu geeigneten Fachkliniken sowie eine koordinierte Vorgehensweise an einer zentralen Stelle. Mit dem 3sVS-Sucht erfolgt eine leistungsträgerübergreifende Belegungssteuerung nach dem zukünftigen DRV-Zuweisungsverfahren. Für die praktische Umsetzung sieht das 3sVS-Sucht die Einrichtung einer zentralen Koordinationsstelle (ZKS) mit dem Namen „Suchtreha" vor. Die ZKS Suchtreha ist für die standardisierte Umsetzung der Bereiche Vergütung, Qualitätssicherung und Belegungssteuerung zuständig (vgl. Abb. 4.3). Die ZKS Suchtreha fungiert als interner Dienstleister der DRV, GKV und SPV für den Bereich der stationären Suchtrehabilitation. Sie ist mit Mitarbeitern aller drei Leistungsträger besetzt.

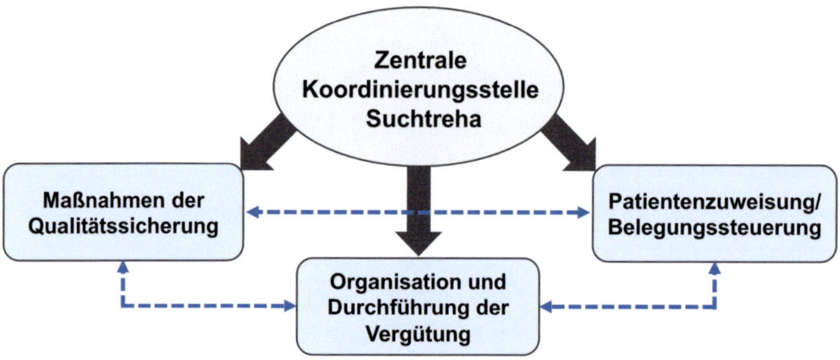

Abb. 4.3: Aufgabenbereiche der ZKS Suchtreha

Vereinheitlichung der Qualitätssicherungsprogramme

Durch das Pay-for-Performance-Element auf der dritten Vergütungsstufe des 3sVS-Sucht hat die Qualität einen unmittelbaren Einfluss auf die Höhe der Vergütung. Da das 3sVS-Sucht unabhängig von der Leistungsträgerschaft angewendet werden soll, ist eine Vereinheitlichung der Systeme zur externen Qualitätssicherung im Indikationsbereich der Suchtrehabilitation erforderlich.

Aufgrund des regelmäßigen Austauschs über den Stand und die Entwicklungen der Qualitätssicherungsinstrumente von DRV und GKV sind die Voraussetzungen hierfür bereits gegeben (vgl. DRV Bund, 2014, S. 43). Beide Programme enthalten Aspekte der Struktur-, Prozess- und Ergebnisqualität. Das Qualitätssicherungsprogramm der DRV ist jedoch zur Anwendung im 3sVS-Sucht besser geeignet, da es umfangreicher ist und Instrumente enthält, die über das QS-Reha-Verfahren der GKV hinausgehen (vgl. Farin/Jäckel, 2011, S. 178). Zudem ist für die Festlegung der ergebnisorientierten Zusatzvergütung eine fortlaufende Datenerhebung und -auswertung – entsprechend dem Qualitätssicherungsprogramm der DRV – erforderlich (vgl. Klosterhuis, 2008, S. 184).

Voraussetzung für ein einheitliches Qualitätssicherungsprogramm ist die Anwendbarkeit der Instrumente auf alle Suchtrehabilitandinnen und -rehabilitanden, unabhängig von der Leistungsträgerschaft. Das Instrument des Sozialmedizinischen Verlaufs, bei dem der Erwerbsverlauf im Zeitraum von zwei Jahren nach Rehabilitationsende betrachtet wird, ist jedoch nicht für Patientinnen und Patienten geeignet, die bereits vor Beginn der Rehabilitationsbehandlung dauerhaft aus dem Erwerbsleben ausgeschieden sind (vgl. DRV Bund, 2017c, S. 2). Daher wird anstelle dieses Instruments die Ein-Jahres-Katamnese nach den Standards des KDS als Baustein zur Bewertung der Ergebnisqualität eingesetzt. Da die Katamneseerhebung bei Bedarf auch den Erhalt der Erwerbsfähigkeit miteinschließt, ist dieses Instrument auf alle Rehabilitandinnen und Rehabilitanden anwendbar und somit für alle Leistungsträger gleichermaßen von Interesse (vgl. Bachmeier et al., 2018a, S. 49).

4.4.1 Grundvergütung der behandlungsunabhängigen Kosten

Die Grundvergütung der Leistungen der Entwöhnungsbehandlung bildet die erste Stufe im 3sVS-Sucht und erfolgt weiterhin in Form tagesgleicher Pflegesätze. Mit den vollpauschalierten Tagessätzen werden jedoch nur die behandlungsunabhängigen Kosten, die für alle Patientinnen und Patienten im weitgehend gleichen Umfang anfallen, vergütet. Dieser Kostenanteil umfasst die sogenannten Basisleistungen, wie Verpflegung, Unterkunft und Reinigung, sowie die Sekundärleistungen, zu denen unter anderem Verwaltung, technischer Dienst, Instandhaltung, Abschreibungen sowie aufgrund der monistischen Finanzierung auch die Investitionskosten gehören (vgl. Neubauer/Ranneberg, 2005, S. 46).

Kalkulation der Tagespauschalen für die Grundvergütung

Die Höhe der Tagespauschalen zur Vergütung der Basis- und Sekundärleistungen wird auf Grundlage der durchschnittlichen Ist-Kosten aller Einrichtungen in Deutschland ermittelt (vgl. Fleßa/Weber, 2017, S. 454 f.). Aufgrund der öffentlichen Finanzierung unterliegen die Rehabilitationsleistungen den Grundsätzen der Wirtschaftlichkeit (§ 12 Abs. 1 SGB V; § 51 Abs. 1 Satz 2 Nr. 4 SGB IX). Daher dürfen nur die Ist-Kosten derjenigen Einrichtungen zur Berechnung der Grundvergütung herangezogen werden, welche dem Wirtschaftlichkeitsgebot genügen (vgl. Brosius-Gerstdorf/Gerstdorf, 2018, S. 94).

Damit die Grundvergütung auch langfristig die Kosten der Basis- und Sekundärleistungen abdeckt, ist eine jährliche Anpassung erforderlich. Diese sollte sich nach einem Orientierungswert richten, der jährlich vom Statistischen Bundesamt (StBA) auf Basis der Kostenentwicklung der stationären Entwöhnungseinrichtungen ermittelt wird. Dieser Anpassungsmechanismus ersetzt im neuen System die Vergütungsanpassung der GKV an die Grundlohnrate und an das Rehabilitationsbudget der DRV als Obergrenze der Rehabilitationsausgaben (vgl. Augurzky et al., 2011, S. 32).

Zuschläge für die Grundvergütung

Die behandlungsunabhängigen Kosten fallen im Wesentlichen proportional zur Verweildauer der Patientinnen und Patienten an und können daher über Tagessätze adäquat berücksichtigt werden. Dennoch steigt der Aufwand bei einzelnen Basis- und Sekundärleistungen insbesondere zu Beginn und am Ende der Behandlung durch Tätigkeiten im Zusammenhang mit Aufnahme- und Entlassungsformalitäten, Endreinigung etc. (vgl. BMG, 2017, S. 60, S. 82 ff.). Daher sieht das 3sVS-Sucht bei Kurzzeittherapien einen Vergütungszuschlag auf die Tagessätze der Grundvergütung vor. Die Zuschlagshöhe wird durch eine gesonderte Kalkulation der behandlungsunabhängigen Kosten ermittelt, in die nur diejenigen Einrichtungen einbezogen werden, die entsprechende Kurzzeittherapien durchführen.

4.4.2 Fallbezogene Zusatzvergütung der behandlungsvariablen Kosten

Die fallbezogene Zusatzvergütung stellt die zweite Stufe im 3sVS-Sucht dar. Zur Ermittlung der behandlungsvariablen Kosten sind merkmalsbezogene Indikatoren zu definieren, die sich am jeweiligen Behandlungsbedarf der Patientinnen und Patienten orientieren (vgl. Geuss et al., 2018. S. 139). Wie bei der RMK-Klassifikation lassen sich auf diese Weise spezifische Beeinträchtigungen und Bedarfe suchtkranker Menschen identifizieren (vgl. Spyra et al., 2011b, S. 20). Die Indikatoren orientieren sich am bio-psychosozialen Modell der ICF und umfassen die abhängigkeitsbezogene, psychische sowie soziale und soziodemografische Dimension. Bildungs- und arbeitsbezogene Aspekte, die ebenfalls soziodemografische Faktoren darstellen, werden aufgrund ihrer hohen Relevanz in der Suchtbehandlung einer eigenen weiteren Dimension zugeordnet (vgl. Ewert, 2012, S. 460).

Auf Grundlage festgelegter Kriterien werden die jeweiligen Indikatoren in vier Schweregrade (SG) unterteilt, denen jeweils ein Punktwert zugeordnet ist. Durch Kombination der einzelnen Indikatoren und der jeweiligen Schweregrade ergibt sich durch Aufsummierung der einzelnen Punktwerte für jeden Patienten ein individueller Gesamtpunktwert. Da jedem Punktwert ein bestimmter Geldbetrag zugewiesen ist, lässt sich der Gesamtpunktwert, der die Behandlungsvariable Pauschale (BVP) pro Fall ausdrückt, in einen bestimmten Geldwert umrechnen. Die BVP zeigt somit die Erlösschwere für die patientenindividuelle Zusatzvergütung an (vgl. Becke/Greiling, 2014, S. 72). Die Berechnung der BVP erfolgt mithilfe eines auf Basis der Schweregrade der einzelnen Indikatoren abgeleiteten Algorithmus. Mit einem entsprechenden Grouper-System lassen sich die BVP und die daraus resultierende behandlungsvariable Zusatzvergütung einfach ermitteln (vgl. Spyra et al., 2011a, S. 301).

Die behandlungsvariable Vergütung über die BVP erfolgt vom Grundsatz her fallpauschalisiert. Da das 3sVS-Sucht jedoch für den gesamten Bereich der stationären Suchtrehabilitation konzipiert wird, ergeben sich je nach Indikation und Therapieform erhebliche Unterschiede bezüglich der Rehabilitationsdauer, die entsprechend berücksichtigt werden müssen. Bemessungsgrundlage für die BVP ist die Standardtherapiezeit über zwölf Wochen für Alkohol- und Medikamentenabhängige. Aufgrund der im Durchschnitt doppelt so langen Behandlungszeit von Drogenabhängigen im Vergleich zu der von alkohol- oder medikamentenabhängigen Patientinnen und Patienten wird die BVP bei Rehabilitandinnen und Rehabilitanden mit der Hauptdiagnose Drogenabhängigkeit mit dem Faktor 2 multipliziert (vgl. DRV Bund, 2017a, S. 12 f.).

Eine weitere Unterscheidung wird zwischen Standard- und Kurzzeittherapien vorgenommen. Bei der Kurzzeittherapie von drogenabhängigen Patientinnen und Patienten wird aufgrund der i. d. R. vergleichbaren Therapiedauer mit der Standardtherapie für alkohol- oder medikamentenabhängige Patientinnen und Patienten keine Veränderung vorgenommen. Bei der Kurzzeittherapie von alkohol- oder medikamentenabhängigen Rehabilitandinnen und Rehabilitanden dagegen erfolgt eine Multiplikation mit dem Faktor 0,75 und damit eine Kürzung um 25 % gegenüber der Bemessungsgrundlage (vgl. DRV Bund, 2017a, S. 12).

Des Weiteren ist eine Reduktion der BVP vorgesehen, wenn die Therapiedauer aufgrund einer vorzeitigen Entlassung, einer Verlegung oder des Tods eines Patienten wesentlich verkürzt wird. Bei einer vorzeitigen Entlassung spielt es keine Rolle, ob diese auf ärztliche bzw. therapeutische Veranlassung, mit oder ohne ärztlichem bzw. therapeutischem Einverständnis oder aus disziplinarischen Gründen erfolgt. Die Verlegungen umfassen sowohl außerplanmäßige Verlegungen in andere Einrichtungen, beispielsweise aufgrund einer Akuterkrankung, als auch planmäßige oder außerplanmäßige Wechsel in andere Betreuungs- bzw. Behandlungsformen, wie z. B. in eine ambulante Rehabilitation (vgl. DHS/DBDD, 2019, S. 92 f.).

Das 3sVS-Sucht sieht vor, dass die Ermittlung der Patientenbedarfe und die daraus folgende Klassifizierung, deren Ergebnis die BVP ist, bereits vor Beginn der Rehabilitation vom niedergelassenen Arzt vorgenommen werden. Dies gewährleistet, dass die Bestimmung der Schweregrade der verschiedenen Dimensionen bzw. Indikatoren und die damit verbundene differenzierte Feststellung der patientenindividuellen Bedarfe von der ZKS Suchtreha für die Auswahl einer optimal für den Patienten geeigneten

Einrichtung genutzt werden können. Hierzu muss das Grouper-System jedoch mit dem technischen Steuerungssystem rvSMD verbunden sein (vgl. Buntenbach/Gunkel, 2017).

Im Unterschied zu Rehabilitationen anderer Indikationsbereiche kann eine Entwöhnungsbehandlung nicht direkt aus dem ambulanten Sektor verordnet werden. Zusätzlich zum Antragsformular und einem aktuellen Befundbericht des behandelnden Arztes ist im Regelfall ein von einer Suchtberatungsstelle zu erstellender Sozialbericht beim zuständigen Leistungsträger einzureichen (vgl. Ueberschär et al., 2017, S. 11 f.). Die Erstellung des Sozialberichts sollte zukünftig im Zusammenhang mit der Bedarfsermittlung in den Aufgabenbereich des behandelnden Arztes fallen. Damit wäre auch die Hürde, dass Patientinnen und Patienten zur Beantragung einer Entwöhnungsbehandlung zwingend eine Suchtberatungsstelle aufsuchen müssen, beseitigt (vgl. Brünger et al., 2018, S. 33).

Zur Klassifizierung der Patientinnen und Patienten und zur Festlegung der BVP benötigt der behandelnde Arzt ebenfalls Zugriff auf das Grouper-System. Zur Reduzierung des Zeitaufwands sollte die Grouper-Software die Erstellung des Befund- und des Sozialberichts durch automatische Eingaben unterstützen und mit dem Arztinformationssystem verbunden werden können. Da die umfassende Klassifizierung der Patientinnen und Patienten trotz des Einsatzes des Grouper-Systems relativ zeitaufwendig ist, ist eine Vergütung der Tätigkeit mit einem zuvor festgelegten Betrag, der diesen Aufwand angemessen widerspiegelt, erforderlich (vgl. Brünger et al., 2018, S. 34). Die Leistung des niedergelassenen Arztes ist als Vorarbeit für die bedarfsgerechte Entwöhnungsbehandlung zu sehen und sollte daher gemeinsam von den Leistungsträgern der Suchtrehabilitation getragen werden.

Klassifizierung der suchtbezogenen Dimension

Zur Klassifizierung der suchtbezogenen Dimension werden die Indikatoren „Schweregrad der Abhängigkeit vom Hauptsuchtmittel", „weitere Suchtdiagnosen" und „Anzahl vorangegangener Entzugs- und Entwöhnungsbehandlungen" herangezogen.

Zur Diagnose eines Abhängigkeitssyndroms werden zunächst die Kriterien nach der ICD-10 angewendet. Die Definition des Hauptsuchtmittels erfolgt gemäß der ersten Klassifikationsebene, die sich an den verschiedenen Substanzgruppen orientiert (vgl. DIMDI, 2017, S. 182 ff.), wie dies auch im KDS-Fall vorgesehen ist (vgl. DHS/DBDD, 2019, S. 35). Zur Festlegung des Schweregrads für die Bestimmung der BVP werden im weiteren Schritt suchtmittelspezifische Instrumente eingesetzt.

Der *Alcohol Use Disorder Identification Test* (AUDIT) beinhaltet insgesamt zehn Fragen zu Trinkgewohnheiten, Abhängigkeitssymptomen und alkoholbezogenen Problemen, von denen acht fünfstufig und zwei dreistufig zu beantworten sind. Die jeweils erreichten Punktwerte der insgesamt zehn Items werden zu einer Gesamtpunktzahl aufaddiert. Die minimale Punktzahl beträgt 0, die maximale 40. Eine Punktzahl von 8 oder mehr weist auf eine Alkoholabhängigkeit hin. Bei Frauen und bei über 65-jährigen Männern wird ein Punktwert von 7 als Grenze empfohlen (vgl. Babor et al., 2001, S. 19 ff.).

Der Schweregrad einer Medikamentenabhängigkeit wird anhand des von Watzl et al. (1991) entwickelten Kurzfragebogens zum Medikamentengebrauch (KFM) ermittelt. Der Fragebogen enthält elf Items, die zweistufig mit 1 = „trifft zu" und 0 = „trifft nicht zu" beantwortet werden können. Bei einem maximalen Skalenwert von elf Punkten weist ein Wert von vier oder mehr Punkten auf einen klinisch auffälligen Gebrauch hin (vgl. DHS, 2013, S. 71 ff.).

Die Klassifizierung des Schweregrads bei einer Abhängigkeit von illegalen Drogen erfolgt mittels der *Severity of Dependence Scale* (SDS) (vgl. Gomes de Matos et al., 2016, S. 273). Dieses Screening-Instrument beinhaltet fünf Fragen zu Problemen bei Konsumverzicht und Kontrollwahrnehmung, die vierstufig mit einem jeweiligen Punktwert von 0 bis 3 zu beantworten sind. Der individuelle Testwert ergibt sich durch das Aufsummieren aller fünf Einzelpunktwerte, woraus ein möglicher Maximalwert von 15 Punkten resultiert (vgl. Schlöffel et al., 2016, S. 48). Aus Gründen der Praktikabilität erfolgt die Klassifizierung des Schweregrads der Abhängigkeit von illegalen Drogen unabhängig von der spezifischen

Substanz. Tab. 4.2 klassifiziert die Schweregrade der Abhängigkeit vom jeweiligen Hauptsuchtmittel.

Tab. 4.2: Schweregrade der Abhängigkeit vom Hauptsuchtmittel

Schweregrad	I	II	III	IV
Gesamtpunktzahl im AUDIT	≤ 10	11 bis 20	21 bis 30	31 bis 40
Gesamtpunktzahl im KFM	≤ 5	6 bis 7	8 bis 9	10 bis 11
Gesamtpunktzahl in der SDS	≤ 6	7 bis 9	10 bis 12	13 bis 15

Die Diagnosekriterien der *Internet Gaming Disorder* sind in der Vorab-Version der ICD-11 eher unpräzise definiert (vgl. Wölfling et al., 2017a, S. 425). Zudem weisen die Messinstrumente und Klassifikationssysteme derzeit noch große Unterschiede auf, sodass die Entwicklung geeigneter Instrumente zur Ermittlung der Abhängigkeitsschwere dieser Störung abgewartet werden muss (vgl. Bauernhofer et al., 2016, S. 5 f.). Für die Diagnostik und die Erfassung des Schweregrads der glücksspielbezogenen Störung wurden ebenfalls zahlreiche Instrumente entwickelt, ohne dass sich bisher ein bestimmtes Screening-Instrument für die einheitliche Anwendung etabliert hätte (vgl. Meyer, 2017, S. 54). Mit der Aufnahme als suchtbedingte Störung in die neue ICD-11 ist jedoch eine Vereinheitlichung der Messinstrumente und Klassifikationssysteme zu erwarten (vgl. Wölfling et al., 2017b, S. 45).

Die Frage nach weiteren Abhängigkeitserkrankungen wird ebenfalls nach den Diagnosekriterien der ICD-10 klassifiziert und ist auch in der Dokumentation des KDS-Falls enthalten. Abhängigkeitskranke weisen neben der Hauptsuchtmitteldiagnose häufig weitere Suchtdiagnosen auf, die während der Rehabilitation ebenfalls zu behandeln sind (vgl. Dauber et al., 2018, S. 22). Aufgrund des hohen Suchtpotenzials und der gravierenden negativen gesundheitlichen Auswirkungen sollte auch die Tabakabhängigkeit berücksichtigt werden (vgl. Batra, 2015, S. 18 f.). Die Schweregradklassifizierung des Indikators erfolgt anhand der Anzahl weiterer Suchtdiagnosen, jedoch ohne eine weitere Differenzierung des Schweregrads der jeweiligen Abhängigkeit (vgl. Tab. 4.3).

Tab. 4.3: Schweregrade auf Basis der Anzahl weiterer Suchtdiagnosen

Anzahl weiterer Suchtdiagnosen	0	1	2	≥ 3
Schweregrad	I	II	III	IV

Die Anzahl vorangegangener Entzugs- und Entwöhnungsbehandlungen wird im KDS-Fall mit dem Item Vorbetreuungen/-behandlungen erfasst (vgl. DHS/DBDD, 2019, S. 27 f.). Die Anzahl der Vorbehandlungen hat einen entscheidenden Einfluss auf den Erfolg der Entwöhnungsbehandlung. Durchschnittlich weisen Rehabilitandinnen und Rehabilitanden mit zunehmender Anzahl an Entgiftungen und/oder Entwöhnungen eine niedrigere katamnestische Erfolgsquote auf (vgl. Bachmeier et al., 2018a, S. 57). Daher ist davon auszugehen, dass Patientinnen und Patienten mit einer höheren Anzahl an Vorbehandlungen besonders intensive therapeutische Interventionen während der Rehabilitation benötigen, damit die Entwöhnungsbehandlung langfristig erfolgreich ist. Die Klassifizierung der Schweregrade erfolgt anhand der Anzahl vorangegangener Entgiftungen/Entwöhnungen (vgl. Tab. 4.4).

Tab. 4.4: Schweregrade auf Basis der Anzahl vorangegangener Behandlungen

Anzahl Entgiftungen/Entwöhnungen	≤ 1	2 bis 3	4 bis 5	≥ 6
Schweregrad	I	II	III	IV

Klassifizierung der psychischen Dimension

Zur Klassifizierung der psychischen Dimension werden die Indikatoren „psychische Komorbiditäten“, „Resilienzfähigkeit“ und „allgemeine Selbstwirksamkeitserwartung“ (SWE) herangezogen.

Ein Großteil der Suchtpatientinnen und -patienten weist neben der Hauptsuchtdiagnose und den ggf. bestehenden Suchtnebendiagnosen weitere Erkrankungen auf (vgl. Bonn et al., 2014, S. 30 f.). Somatische Komorbiditäten haben – sofern sie nicht Auslöser einer Schmerzmittelabhängigkeit sind – im Allgemeinen nur einen unwesentlichen Einfluss auf den Erfolg der Rehabilitationsbehandlung. Zudem werden somatische Beschwerden während einer Entwöhnungsbehandlung überwiegend von externen niedergelassenen Ärzten behandelt, sodass eine Berücksichtigung bei der Erstellung der BVP nicht vorgesehen ist (vgl. Bachmeier et al., 2018b, S. 37).

Psychische Komorbiditäten dagegen können den Erfolg einer Suchtrehabilitation erheblich beeinträchtigen (vgl. Bachmeier et al., 2018b, S. 36). Im besonderes starken Maße trifft dies auf Persönlichkeitsstörungen zu. Betroffene Patientinnen und Patienten stellen besonders hohe Anforderungen an die Behandelnden. Dies spiegelt sich auch im Behandlungsaufwand wider und sollte daher entsprechend vergütungsrelevant abgebildet und berücksichtigt werden (vgl. Walter/Dammann, 2012, S. 431). Die psychischen Begleit- bzw. Folgeerkrankungen werden nach der ICD-10 kodiert. Die Angabe psychischer ICD-10-Diagnosen ist ebenfalls Bestandteil des KDS-Falls (vgl. DHS/DBDD, 2019, S. 39). Die Einteilung der Schweregrade des Indikators der psychischen Komorbidität erfolgt auf Basis der Anzahl der psychischen Begleit- und/oder Folgeerkrankungen. Aufgrund ihrer besonderen Relevanz beim Versorgungsaufwand werden Persönlichkeitsstörungen dabei stärker gewichtet als andere psychische Erkrankungen (vgl. Tab. 4.5).

Tab. 4.5: Schweregrade auf Basis der Art und der Anzahl psychischer Störungen

Anzahl psychischer Erkrankungen	0	1 (außer Persönlichkeitsstörung)	2 (außer Persönlichkeitsstörung)	≥ 1 Persönlichkeitsstörung oder ≥ 3 andere psychische Störungen
Schweregrad	I	II	III	IV

Resilienz kennzeichnet die Fähigkeit eines Menschen, schwierige Lebenssituationen ohne anhaltende Beeinträchtigung zu überstehen (vgl. Hurtienne/Koch, 2018, S. 141) und ist das Ergebnis einer biografisch-dynamischen Interaktion, die sich aus Risikofaktoren sowie Resilienzfaktoren, wie z. B. positive Emotionen, Optimismus und Hoffnung, zusammensetzt (vgl. Helmreich/Lieb, 2015, S. 58). In der Entwöhnungsbehandlung müssen die Resilienzfaktoren und Ressourcen der Rehabilitandinnen und Rehabilitanden gefördert und trainiert werden. Personen, die bereits über eine gute

Resilienzfähigkeit verfügen, können dabei auf frühere Bewältigungserfahrungen zurückgreifen. Damit ist davon auszugehen, dass für Patientinnen und Patienten mit einer vorhandenen Resilienzfähigkeit ein deutlich geringerer therapeutischer Aufwand für die Stärkung von Ressourcen für die Bewältigung von Risikobedingungen erforderlich ist (vgl. Henninger, 2016, S. 162).

Die Resilienzskala (RS) von Wagnild und Young mit 25 Items ist ein etabliertes Instrument zur Erfassung und Quantifizierung der Resilienz. Die RS definiert die Resilienz als personale Ressource, welche die individuelle Anpassungsfähigkeit fördert (vgl. Helmreich/Lieb, 2015, S. 54 f.). Eine deutsche Version der RS wurde 2005 von Schumacher et al. validiert (vgl. Henninger, 2016, S. 161). Zusätzlich haben Schumacher et al. eine Kurzform der RS mit elf Items entwickelt, mit der die psychische Widerstandsfähigkeit einer Person mit nahezu vergleichbarer Zuverlässigkeit wie bei der Langform erfasst werden kann. Die Items müssen auf einer siebenstufigen Antwortskala beantwortet werden, die von 1 = „ich stimme nicht zu" bis 7 = „ich stimme völlig zu" reicht. Die Auswertung erfolgt durch Aufsummierung der einzelnen Itemwerte. Die Punktwerte können somit zwischen 11 und 77 liegen, wobei ein hoher Punktwert für eine hohe Merkmalsausprägung im Sinne einer hohen Resilienzfähigkeit steht (vgl. Schumacher et al., 2005, S. 21 ff.). Die Einteilung der Schweregrade des Indikators der Resilienzfähigkeit leitet sich aus der Gesamtpunktzahl der RS-Kurzform ab (vgl. Tab. 4.6).

Tab. 4.6: Schweregrade auf Basis des erreichten Punktwerts auf der Resilienzskala

Punktwert RS	59 bis 77	43 bis 58	27 bis 42	11 bis 26
Schweregrad	I	II	III	IV

Die allgemeine SWE beschreibt die Erwartung, mithilfe eigener Kompetenzen gewünschte Handlungen selbstständig erfolgreich ausführen zu können. Das Vertrauen in die eigene Handlungsfähigkeit, trotz schwieriger Anforderungssituationen, geht mit einer besseren Nutzung von Ressourcen in herausfordernden Situationen einher und führt damit auch zu einem günstigeren Coping-Verhalten bei der Überwindung von Suchterkrankungen (vgl. Egger, 2015, S. 284).

Zur Messung der allgemeinen SWE haben Jerusalem und Schwarzer eine Skala mit zehn Items entwickelt, die jeweils Anforderungen beschreiben, denen das eigene Handlungspotenzial entgegengestellt wird. Die Items werden vierstufig von 1 bis 4 beantwortet und der individuelle Testwert ergibt sich durch das Aufsummieren aller zehn Antworten, woraus ein Punktwert zwischen 10 und 40 resultiert (vgl. Schwarzer/Jerusalem, 1999, S. 13). Ein hoher Testwert steht für eine hohe optimistische Kompetenzerwartung (vgl. Schumacher et al., 2005, S. 21 f.). Rehabilitandinnen und Rehabilitanden mit einer niedrigen allgemeinen SWE stellen höhere Anforderungen an die Behandlung, da bei ihnen die optimistische Kompetenzerwartung zunächst therapeutisch gefördert und dann im nächsten Schritt auf dieser Grundlage entsprechende positive Coping-Strategien erarbeitet werden müssen (vgl. Egger, 2015, S. 284). Die Einteilung der Schweregrade des Indikators der allgemeinen SWE leitet sich aus der Gesamtpunktzahl der Skala zur allgemeinen SWE ab (vgl. Tab. 4.7).

Tab. 4.7: Schweregrade auf Basis des erreichten Punktwerts auf der Skala zur allgemeinen SWE

Punktwert Skala zur allgemeinen SWE	31 bis 40	24 bis 30	17 bis 23	10 bis 16
Schweregrad	I	II	III	IV

Klassifizierung der sozialen und soziodemografischen Dimension

Zur Klassifizierung der sozialen und soziodemografischen Dimension werden die Indikatoren „soziale Unterstützung", „Wohnsituation" und „Grad der Verschuldung" herangezogen.

Die soziale Unterstützung gilt als wichtige Bewältigungsressource bei Belastungen und Erkrankungen (vgl. Höwler, 2017, S. 33). Die Messung der sozialen Unterstützung erfasst die subjektive Überzeugung, im Bedarfsfall Unterstützung aus dem sozialen Netzwerk zu erhalten und auf Ressourcen des sozialen Umfelds zurückgreifen zu können (vgl. Fydrich et al., 2009, S. 43). Diese Einschätzung basiert auf Informationen aus dem sozialen Umfeld, die einer Person signalisieren, dass sie geachtet, wertgeschätzt und versorgt wird sowie Teil eines Netzwerks ist, dessen Mitglieder miteinander kommunizieren und sich einander verpflichtet fühlen (vgl. Krohne, 2017, S. 115).

Der von Fydrich et al. entwickelte Fragebogen zur Sozialen Unterstützung (F-SozU) ist in drei Formen verfügbar. Die Standardform enthält 54 Items, die Kurzformen 22 bzw. 14 Items. Für die Klassifizierung der sozialen Dimension soll die 14-Item-Kurzform eingesetzt werden, die sich vor allem als Instrument zur Erhebung allgemein wahrgenommener sozialer Unterstützung eignet, bei der eine nach Inhalten differenzierte Erhebung nicht erforderlich ist. Im F-SozU sind Aussagen über soziale Kontakte aufgelistet, für welche die Patientinnen und Patienten auf einer Likert-Skala von 1 bis 5 den Grad ihrer Zustimmung angeben sollen. Der individuelle Testwert ergibt sich auf Basis des erreichten Mittelwerts der Skala und liegt somit zwischen 1 für besonders niedrige und 5 für besonders hohe wahrgenommene soziale Unterstützung (vgl. Fydrich et al., 2009, S. 43 ff.). Aus dem erreichten Mittelwert leitet sich die Einteilung der Schweregrade ab (vgl. Tab. 4.8).

Tab. 4.8: Schweregrade auf Basis des erreichten Mittelwerts beim F-SozU

Punktwert F-SozU-Skala	> 4 bis 5	> 3 bis 4	> 2 bis 3	1 bis 2
Schweregrad	I	II	III	IV

Der soziodemografische Aspekt der Wohnsituation wird bereits im KDS-Fall erfasst (vgl. DHS/DBDD, 2019, S. 32). Personen mit abhängigkeitsbezogenen Störungen leben häufiger in Institutionen als Personen ohne Suchtproblematik. Patientinnen und Patienten aus Einrichtungen des betreuten ambulanten Wohnens oder aus Fachkliniken weisen jedoch besondere Bedarfe auf, die auch während der Rehabilitation Berücksichtigung finden müssen (vgl. Hermle et al., 2013, S. 316 f.). Rehabilitandinnen und Rehabilitanden ohne Wohnung oder aus Notunterkünften benötigen spätestens am Tag der Entlassung eine Unterkunft. Aufgrund des zumeist sehr angespannten Wohnungsmarkts, insbesondere in Städten mit einem guten Angebot an Arbeitsplätzen, bedeutet die Unterstützung bei der Wohnungssuche für den Sozialdienst der Entwöhnungseinrichtungen einen immensen Aufwand, der auch entsprechend zu vergüten ist (vgl. Spars/Voigtländer, 2015, S. 208 f.).

Generell beeinträchtigt das Vorliegen einer prekären Wohnsituation die sozialen Ressourcen eines Menschen im erheblichen Maße und erhöht insofern auch das Risiko der Suchtrehabilitandinnen und -rehabilitanden für einen Rückfall (vgl. Kipke et al., 2015, S. 89). Die Einteilung der Schweregrade in Bezug auf den Indikator der Wohnsituation bildet die Tab. 4.9 ab.

Tab. 4.9: Schweregrade auf Basis der Wohnsituation

Wohnsituation	Schweregrad
selbstständiges Wohnen, Wohnen bei anderen Menschen	I
(Übergangs-)Wohnheim, JVA, Maßregelvollzug	II
ambulant betreutes Wohnen, (Fach-)Klinik, stationäre Reha-Klinik	III
ohne Wohnung, Notunterkunft, Übernachtungsstelle	IV

Bei Patientinnen und Patienten, die sich in einer Wohnsituation befinden, welche in der Einteilung nicht aufgeführt ist, ist eine Klassifizierung vorunehmen, die einer der vorgegebenen Klassen am nächsten kommt. Sollte ein wohnungsloser Rehabilitand nach der Rehabilitation in einer Adaptionseinrichtung weiterbehandelt werden, so ist eine nachträgliche Kodierung über das Grouper-System von Schweregrad IV nach Schweregrad III erforderlich. Hierauf wird jedoch bei Eingabe der weiterbehandelnden Stelle im Entlassbericht über das verbundene Grouper-System explizit hingewiesen. Die Rückstufung erfolgt vor dem Hintergrund, dass es aufgrund oftmals bestehender Kooperationen für den Sozialdienst der Suchtfachklinik zumeist einfacher ist, für den Patienten einen Platz in einer geeigneten Adaptionsreinrichtung zu finden als eine eigene Wohnung.

Der Aspekt der Verschuldung wird ebenfalls bereits im KDS-Fall erhoben (vgl. DHS/DBDD, 2019, S. 32 f.). Aufgrund von Arbeitslosigkeit und autodestruktiven Tendenzen sind problematische Schulden bei Abhängigkeitserkrankten relativ häufig (vgl. Tölle/Windgassen, 2014, S. 140). Nach der Definition des KDS steht nicht die absolute Höhe der Schulden im Blickpunkt, sondern die Frage, ob diese Schulden in Anbetracht der wirtschaftlichen Gesamtsituation für die Patientin oder den Patienten ein besonderes Problem darstellen. Dennoch wird auch im KDS zur Kategorisierung problematischer Schulden eine Einteilung nach der Schuldenhöhe vorgenommen (vgl. DHS/DBDD, 2019, S. 64 f.). Die Verschuldung von Rehabilitandinnen und Rehabilitanden erfordert von den Suchtfachkliniken eine systematische Beratung zur Verminderung der bestehenden und zur Vermeidung zukünftiger Schulden. Dies bedeutet einen hohen zusätzlichen Aufwand, der bei der Vergütung entsprechend berücksichtigt werden muss. Zudem haben problematische Schulden aufgrund oftmals bestehender Einträge in der Schufa-Datei auch negative Auswirkungen auf andere Bereiche, wie z. B. die Wohnungssuche (vgl. Peters, 2017, S. 63). Die Einteilung der Schweregrade nach der Höhe der Schulden orientiert sich an den Items im KDS-Fall (vgl. DHS/DBDD, 2019, S. 32 f.), jedoch nur bis zu einem Wert von 25.000 Euro, da eine weitere Schuldenhöhe kaum noch zusätzlichen Aufwand mit sich bringt (vgl. Tab. 4.10).

Tab. 4.10: Schweregrade auf Basis des Ausmaßes der Schulden

Schuldenhöhe in Euro	1 bis 2.500	2.501 bis 10.000	10.001 bis 25.000	> 25.000
Schweregrad	I	II	III	IV

Klassifizierung der bildungs- bzw. arbeitsbezogenen Dimension

Zur Klassifizierung der beruflichen Dimension werden die Indikatoren „Bildungsniveau“ und „Erwerbssituation/erwerbsbezogene Problemlagen“ herangezogen.

Das Bildungsniveau wird im KDS über das Item „höchster bisher erreichter allgemeinbildender Schulabschluss“ erhoben (vgl. DHS/DBDD, 2019, S. 31). Bildung stellt einen wesentlichen Faktor für das Gesundheitsverhalten dar. Höhere Bildung korreliert mit einem gesünderen Lebensstil und gesundheitsförderlichen Verhaltensweisen und demzufolge auch mit besserer Gesundheit und einer höheren Lebenserwartung (vgl. Furnée et al., 2008, S. 417). Umgekehrt zeigt sich, dass niedrige Bildung oftmals mit gesundheitsriskantem Verhalten einhergeht (vgl. Knesebeck et al., 2006, S. 1348). Auch zwischen schädlichem Substanzkonsum und niedrigem Bildungsstand wird ein Zusammenhang vermutet (vgl. Brand et al., 2015, S. 70). Zudem scheint ein niedrigerer Bildungsstand unmittelbare negative Auswirkungen auf den Behandlungserfolg und das Rückfallrisiko zu haben (vgl. Greenfield et al., 2003, S. 1283).

Die Daten der DSHS weisen in den Suchtfachkliniken auf einen höheren Anteil an Personen mit niedrigem Bildungsniveau im Vergleich zur Allgemeinbevölkerung hin (vgl. Dauber et al., 2018, S. 96; Freitag/Schulz, 2018, S. 121). Der höchste Anteil bildungsferner Personen ohne Schulabschluss ist bei Rehabilitandinnen und Rehabilitanden mit einer Hauptdiagnose im Bereich illegaler Drogen zu finden (vgl. Dauber et al., 2018, S. 37 f.). Lernschwierigkeiten und Aufmerksamkeitsstörungen müssen frühzeitig erkannt und hinsichtlich der Gestaltung einer effektiven Intervention und einer erfolgreichen Behandlung berücksichtigt werden. Sind die Anforderungsspezifika der Patientinnen und Patienten bezüglich des Bildungsniveaus bekannt, können spezifische Aufklärungs- und Bildungsangebote sowie Psychoedukation das Bewusstsein für Risiken und Folgen des Substanzkonsums stärken. Damit können Patientinnen und Patienten mit geringeren kognitiven Fähigkeiten gleichermaßen von der Therapie profitieren wie diejenigen mit einem höheren Bildungsniveau (vgl. Brand et al., 2015, S. 77).

Sofern sich die Rehabilitandin oder der Rehabilitand noch nicht im Ruhestand befindet, bringt ein niedriges Bildungsniveau darüber hinaus besondere Anforderungen hinsichtlich der Bildungsqualifizierung bzw. Berufsausbildung mit sich. Hierzu gehören der Besuch spezieller Schul- und Bildungseinrichtungen für Suchtkranke, die Integration der Möglichkeit einer Schulausbildung im Rahmen der Rehabilitation vor allem für jüngere Patientinnen und Patienten sowie die verstärkte Motivierung der Patienten zur Inanspruchnahme von Bildungsmaßnahmen (vgl. Koch/Missel, 2015, S. 79). Die Interventionen dienen der Förderung der beruflichen sowie der sozialen Teilhabe im Sinne der ICF (vgl. Ewert, 2012, S. 460). Die Einteilung der Schweregrade in Bezug auf den Indikator des Bildungsniveaus wird wie folgt vorgenommen (vgl. Tab. 4.11).

Tab. 4.11: Schweregrade auf Basis des bisher erreichten Schulabschlusses

Schulabschluss	Schweregrad
(Fach-)Hochschulreife/Abitur	I
Realschulabschluss/polytechnische Oberschule	II
Hauptschul-/Volksschulabschluss	III
ohne Schulabschluss/derzeit in Schulausbildung	IV

Die Definition der Schweregrade des Indikators der Erwerbssituation und der erwerbsbezogenen Problemlagen orientiert sich an der Zielgruppendefinition des BORA-Konzepts. Mit der Unterscheidung der Zielgruppen sollen im BORA-Konzept die möglichen therapeutischen Leistungen während der Entwöhnungsmaßnahme strukturiert und übersichtlich dargestellt werden. Da die Aufwände für die therapeutischen Leistungen der jeweiligen Zielgruppen unterschiedlich hoch sind, eignen sie sich gut als Grundlage zur Bildung der BVP (vgl. Koch, 2015, S. 3).

Die BORA-Zielgruppen werden für die Einteilung der Schweregrade jedoch nicht unverändert übernommen, da es bei der Gegenüberstellung der Bedarfe mit dem jeweils zu erwartenden Aufwand zu Überschneidungen der BORA-Zielgruppen kommt. Die Einteilung in die vier Schweregrade wird in Tab. 4.12 abgebildet.

Tab. 4.12: Schweregrade auf Basis der Erwerbssituation und potenzieller erwerbsbezogener Problemlagen (vgl. Gemeinsame Arbeitsgruppe BORA, 2014, S. 12)

Erwerbssituation/erwerbsbezogene Problemlagen	Schweregrad
in Arbeit ohne erwerbsbezogene Problemlagen (BORA-Zielgruppe 1) und Nichterwerbstätige, die keine (Re-)Integration in den Arbeitsmarkt anstreben, wie z. B. Rentner (Teil der BORA-Zielgruppe 5)	I
in Arbeit mit besonderen erwerbsbezogenen Problemlagen (BORA-Zielgruppe 2) sowie Schüler und Studierende (Teil der BORA-Zielgruppe 5)	II

Erwerbssituation/erwerbsbezogene Problemlagen	Schweregrad
nach SGB III arbeitslose Erwerbstätige, die während einer Krankschreibung arbeitslos geworden sind, und Langzeitarbeitsunfähige (BORA-Zielgruppe 3)	III
Arbeitslose nach SGB II (BORA-Zielgruppe 4) sowie Erwerbslose ohne Schulabschluss und/oder ohne Ausbildung	IV

Da sich die Leistungsvergütung im 3sVS-Sucht nach einheitlichen Kriterien an der Höhe des Aufwands orientiert, ist in den Einrichtungen auch ein einheitliches Vorgehen bei der bedarfsorientierten Behandlung erforderlich. Daher sieht das System eine Verpflichtung zur Umsetzung des BORA-Konzepts vor, das derzeit nur eine Empfehlung für die Suchtfachkliniken darstellt (vgl. Koch, 2015, S. 3).

4.4.3 Ergebnisorientierte Bonusvergütung

Auf der dritten Stufe enthält das 3sVS-Sucht die Komponente einer ergebnisorientierten Bonusvergütung. Durch die zielgerichtete Berücksichtigung der Qualitätsorientierung soll bei den Einrichtungen ein Anreiz zur kontinuierlichen Qualitätssteigerung erzeugt werden (vgl. Flodgren et al., 2011, S. 3). Derzeit erfolgt keine systematische Motivierung der Suchtfachkliniken zur Erreichung einer möglichst hohen Versorgungsqualität. Sofern die Qualitätsstandards der Leistungsträger erfüllt werden, sind weitergehende Anstrengungen aufgrund des ggf. höheren Aufwands oftmals sogar mit wirtschaftlichen Nachteilen verbunden (vgl. Farin/Jäckel, 2011, S. 181). Analog zum ERGOV-Projekt werden die Ergebnisse verschiedener Indikatoren zu einem Summenscore zusammengefasst (vgl. Gerdes et al., 2012, S. 291).

Indikatoren für die Bonusvergütung

Beim 3sVS-Sucht stehen Indikatoren zur Ermittlung der Ergebnisqualität im Fokus. Aspekte der Struktur- und der Prozessqualität werden dagegen nicht zur Festlegung der ergebnisorientierten Bonusvergütung genutzt, da diese bereits bei der Belegungssteuerung berücksichtigt werden (vgl. Buntenbach/Gunkel, 2017).

Da die Patientenorientierung beim 3sVS-Sucht im Vordergrund steht, werden zur Festlegung der Pay-for-Performance-Zusatzvergütung die Ergebnisse der Rehabilitandenbefragung, einem Instrument, das von der DRV bereits langjährig zur Ermittlung der Ergebnisqualität eingesetzt wird, genutzt. Die Rehabilitandenbefragung informiert zum einen über die Zufriedenheit der Patientinnen und Patienten mit der Rehabilitationsbehandlung und gibt zum anderen deren subjektive Einschätzung des Behandlungserfolgs wieder (vgl. DRV Bund, 2017c, S. 1).

Die Vorgehensweise zur Durchführung der Befragung und Auswertung der Daten wird grundsätzlich beibehalten, jedoch mit der Änderung, dass zukünftig nicht nur 20 Rehabilitandinnen und Rehabilitanden pro Monat und pro Einrichtung, sondern stattdessen sämtliche Patientinnen und Patienten acht bis zwölf Wochen nach Beendigung der Rehabilitation angeschrieben werden (vgl. DRV Bund, 2017b, S. 2). Die vorgesehene Vollerhebung erfolgt unter der Zielsetzung eines möglichst validen Ergebnisses, auch wenn davon auszugehen ist, dass nicht alle Patientinnen und Patienten erreicht werden können bzw. sich an der Befragung beteiligen werden.

Als weiteres Kriterium zur Festlegung der Pay-for-Performance-Zusatzvergütung wird die Ein-Jahres-Katamnese herangezogen, die bereits anstelle des sozialmedizinischen Verlaufs als Qualitätsindikator in das leistungsträgerübergreifende Qualitätssicherungsprogramm aufgenommen werden soll. Die Katamnesedaten geben Hinweise auf die patientenbezogene Behandlungsqualität in Form des nachhaltigen Behandlungserfolgs und erlauben somit eine objektive Bewertung der Ergebnisqualität. Zudem ermöglichen sie den Vergleich der verschiedenen Einrichtungen und eignen sich daher gut als Bewertungsgrundlage für die Pay-for-Performance-Zusatzvergütung (vgl. DHS/DBDD, 2019, S. 107 f.). Mit der Nutzung der Katamnesedaten wird gewährleistet, dass sich die Kriterien zur Bewertung der Ergebnisqualität für die Festlegung der Bonusvergütung nicht nur auf subjektive Einschätzungen der Rehabilitandinnen und Rehabilitanden stützen.

Für die belastbare Vergleichbarkeit der Einrichtungen ist bei der Auswertung der Katamneseuntersuchungen – wie beim Instrument der Rehabilitandenbefragung – die statistische Berücksichtigung der einrichtungsspezifischen Rehabilitandenstruktur durch eine Adjustierung entsprechender rehabilitandenbezogener Merkmale erforderlich (vgl. DRV Bund, 2017d, S. 22). Die Rehabilitandenbefragung und die Katamneseuntersuchung sind im 3sVS-Sucht sowohl Instrumente zur Qualitätssicherung als auch Faktoren für die Bonusvergütung und fallen daher in den Aufgabenbereich der ZKS Suchtreha. Somit ist auch gewährleistet, dass die Durchführung nach einem einheitlichen Leitfaden erfolgt und objektive, zwischen den Einrichtungen vergleichbare Ergebnisse liefert (vgl. DHS/DBDD, 2019, S. 120).

Bemessungsgrundlage für die Bonusvergütung

Als Bemessungsgrundlage wird die relative Zielerreichung der Ergebnisse aus der Rehabilitandenbefragung und der Ein-Jahres-Katamnese herangezogen. Die Rehabilitationseinrichtungen müssen hierzu jeweils bestimmte Prozentwerte innerhalb der Gruppe aller stationären Suchteinrichtungen erreichen. Die Prozentwerte werden mit Punktwerten versehen. Die Summe der Punktwerte entscheidet dann, ob die jeweilige Einrichtung eine Bonusvergütung erhält bzw. wie hoch die Bonusvergütung ausfällt (vgl. Gerdes et al., 2012, S. 291).

Die finanziellen Mittel für die Bonusvergütung stammen aus dem Budget für die Grundvergütung der behandlungsunabhängigen Kosten. Dieses Budget enthält etwa 60 % der Gesamtkosten für die Vergütung der stationären Suchtrehabilitation (vgl. Neubauer/Ranneberg, 2005, S. 46). Für die Bonusvergütung werden pro Jahr 10 % aus dem Jahresbudget für die Gesamtvergütung herausgerechnet. Die Höhe der Bonusvergütung für die jeweilige Suchtfachklinik richtet sich nach der Höhe der Grundvergütung, sodass größere Einrichtungen mit einer höheren Fallzahl absolut gesehen auch einen höheren Bonus erlangen können. Die prozentuale Höhe der Bonusvergütung für die jeweilige Einrichtung hängt von der Höhe des Gesamtpunktwerts ab, der die relativen Schwellenwerte erreichen muss. Insgesamt werden drei relative Schwellenwerte festgelegt, für die jeweils eine Bonuszahlung in Höhe eines definierten Anteils an der einrichtungsbezogenen Grundvergütung des jeweiligen Bezugsjahrs ausgezahlt wird (vgl. Tab. 4.13).

Tab. 4.13: Relative Schwellenwerte mit jeweiligem Bonus

erreichter Gesamtpunktwert	Bonus
Einrichtung gehört zu den 10 % der Besten	20 % der Grundvergütung des Bezugsjahrs
Einrichtung gehört zu den 20 % der Besten	10 % der Grundvergütung des Bezugsjahrs
Einrichtung gehört zu den 30 % der Besten	5 % der Grundvergütung des Bezugsjahrs

Einrichtungen, deren Gesamtpunktwert unterhalb der 30 % der besten aller stationären Suchteinrichtungen liegt, erhalten keine Bonusvergütung. Einrichtungen, deren Gesamtpunktwert zu den 30 % der Besten gehört, die jedoch bei mindestens einem der drei Einzelindikatoren einen Wert unterhalb des 50 %-Schwellenwerts aufweisen, erhalten ebenfalls keinen Bonus, trotz des überdurchschnittlichen Gesamtwerts. Da nicht vorhersagbar ist, wie viele der Einrichtungen die jeweiligen prozentualen Schwellenwerte erreichen, ist eine genaue Abschätzung der Höhe der insgesamt an die Einrichtungen auszuzahlenden Boni pro Jahr nicht möglich. Daher müssen die prozentualen Schwellenwerte jährlich angepasst werden, damit die tatsächlichen Bonuszahlungen mit dem hierfür vorgesehenen Jahresbudget weitestgehend übereinstimmen.

Im Gegensatz zum ERGOV-Projekt sieht das 3sVS-Sucht ausdrücklich keine retrospektiven Malusabzüge vor (vgl. Gerdes et al., 2012, S. 290). Damit soll verhindert werden, dass Einrichtungen, die die prozentualen Schwellenwerte unterschreiten und keine entsprechenden Rückstellungen vorgenommen haben, in finanzielle Schwierigkeiten geraten. Zur Finanzierung der Bonusvergütung werden aus dem Gesamtbudget für die Grundvergütung des laufenden Jahres auf Basis der Ist-Kosten des vergangenen Jahres 10 % für die Bonusvergütung einbehalten. Durch diese Vorgehensweise wird den Kliniken insgesamt bereits prospektiv ein Malus von der Grundvergütung abgezogen, der jedoch bei Erreichen der definierten relativen Qualitätsziele in einen Bonus umgewandelt und als Pay-for-Performance-Zusatzvergütung an die entsprechenden Einrichtungen ausgezahlt wird.

4.5 Fazit

Eine systematische und zielgerichtete Rehabilitation suchtkranker Menschen erfordert eine umfassende, multidimensionale Versorgung, bei der die individuellen Bedarfe des jeweiligen Patienten im Fokus stehen. Die patientenindividuellen Bedarfe und die daraus resultierenden Leistungsvorgaben zur Steuerung der Prozesse in der Rehabilitation Suchterkrankter werden jedoch derzeit nur ungenügend identifiziert (vgl. Becke/Greiling, 2014, S. 71). Aufgrund der zunehmenden Komplexität und Diversifikation der Leistungserbringung in der Suchtrehabilitation wird es jedoch immer dringlicher, im Vorfeld der Rehabilitation über eine Patientenklassifikation Informationen zu erhalten, die diese Steuerungsprozesse wirkungsvoll unterstützen (vgl. Spyra et al., 2010, S. 64). Mit dem 3sVS-Sucht wird bereits vor Beginn der stationären Entwöhnungsbehandlung der individuelle Behandlungsbedarf suchterkrankter Menschen abgebildet und damit die Grundlage für die bedarfsgerechte Vergütung geschaffen. Die Klassifikation der Patientinnen und Patienten zur Festlegung der BVP macht zudem Veränderungen und neue Anforderungen im Bereich der Suchtrehabilitation sichtbar. Das 3sVS-Sucht unterstützt damit die zentrale Kontrolle der Verteilungsprozesse sowie die darauf aufbauende prospektive Ressourcensteuerung (vgl. Spyra et al., 2011b, S. 21).

Der dreistufige Aufbau des 3sVS-Sucht ermöglicht die Nutzung verschiedener Elemente aus bereits etablierten Vergütungssystemen sowie aus innovativen Modellen zur Vergütung von Rehabilitationsleistungen, mit denen bei den Leistungsträgern und Leistungserbringern entsprechende Anreize gesetzt werden. Die Akzeptanz dieser beiden Stakeholdergruppen stellt einen bedeutsamen Aspekt für die erfolgreiche Umsetzung des 3sVS-Sucht dar. Um Widerstand zu vermeiden, sind Leistungsträger und -erbringer von Beginn an möglichst eng in das Projekt einzubinden.

Die Überprüfung der Zielerreichung des 3sVS-Sucht soll im Rahmen eines Modellvorhabens erfolgen. Sobald mit der Entwicklung des BVP-Groupers und der Verbindung mit dem rvSMD-Zuweisungssystem die technischen Voraussetzungen bereitstehen, soll hierzu ein Pilotprojekt starten. Für das Projekt wird zuvor ein bestimmter Indikationsbereich aus den Suchtmittelerkrankungen, wie z. B. die ICD-10-Diagnose „F10 Psychische und Verhaltensstörungen durch Alkohol", ausgewählt. Des Weiteren müssen einzelne DRV-Träger, Kranken- und Pflegeversicherungen sowie Suchtfachkliniken gefunden werden, die sich an dem Projekt beteiligen. Nach einer Projektlaufzeit von einem Jahr erfolgt eine Evaluation der Ergebnisse. Im nächsten Schritt werden dann ggf. erforderliche Anpassungen vorgenommen. Bei größeren Veränderungen sollte vor der bundesweiten, träger- und suchtindikationsübergreifenden Umsetzung des 3sVS-Sucht zunächst eine weitere Pilotierung erfolgen.

Das 3sVS-Sucht ist als lernendes System angelegt, das eine kontinuierliche Anpassung an geänderte Rahmenbedingungen und an neue Erkenntnisse erlaubt. Zeigt sich nach einiger Zeit, dass weitere Indikatoren, die in den Dimensionen bisher nicht berücksichtigt werden, für die Bedarfsfeststellung und die Leistungsvergütung von Bedeutung sind, können diese problemlos in das System eingefügt werden. Auch eine nachträgliche Anpassung der bereits im System genutzten Indikatoren selbst ist bei Bedarf möglich. Zudem können zusätzliche Dimensionen, aber auch Einzelaspekte, die sich nicht nach Schweregraden unterteilen lassen, sondern nur dichotom klassifizierbar sind, in das System integriert und mit entsprechenden Punktwerten belegt werden. Die Komponente der ergebnisorientierten Bonusvergütung kann durch Implementierung weiterer Qualitätsindikatoren, die sich nachträglich als bedeutsam erweisen, ebenfalls angepasst werden.

Aufgrund des stufenweisen Aufbaus sowie der Austauschbarkeit der Indikatoren zur Festlegung der BVP und der damit verbundenen Flexibilität ist eine Anwendung des 3sVS-Sucht auch auf andere Bereiche der Suchttherapie, wie z. B. auf die ambulante Suchtrehabilitation, denkbar. Zudem kann die Patientenklassifikation zur Festlegung der BVP als Werkzeug für ein umfassendes und effizientes Case-Management für weitere nachfolgende Versorgungsbereiche, wie die frühzeitige Planung der Nachsorge, genutzt werden (vgl. Geuss et al., 2018, S. 143).

Literatur

Amelung, V. E./Jensen, S./Krauth, C./Wolf S. (2013). *Pay-for-Performance: Märchen oder Chance einer qualitätsorientierten Vergütung?* G+G Wissenschaft, 13 (2), S. 7–15.

Amelung, V. E./Mühlbacher, A./Krauth, C. (2018). *Gabler Wirtschaftslexikon – Das Wissen der Experten. Stichwort: Vergütungssystem.* https://wirtschaftslexikon.gabler.de/definition/verguetungssystem-51773/version-274926 (06.03.2019).

Augurzky, B./Reichert, A. R./Scheuer, M. (2011). *Faktenbuch Medizinische Rehabilitation 2011.* https://suchthilfe.de/informationen/faktenbuch_medizinisch_reha_110415.pdf (01.03.2019).

Babor, T. F./Higgins-Biddle, J. C./Saunders, J. B./Monteiro, M. G. (2001). *AUDIT – The Alcohol Use Disorders Identification Test Guidelines for Use in Primary Care.* 2. Auflage, Genf: World Health Organization.

Bachmeier, R./Bick-Dresen, S./Dreckmann, I./Feindel, H. et al.(2018a). *Effektivität der stationären Suchtrehabilitation – FVS-Katamnese des Entlassjahrgangs 2015 von Fachkliniken für Alkohol- und Medikamentenabhängige.* Sucht Aktuell, 25 (1), S. 49–65.

Bachmeier, R./Bick-Dresen, S./Missel, P./Sagel, A. et al. (2018b). *Zusammenhang zwischen Sucht, Komorbidität und Behandlungserfolg – Sonderauswertung zur FVS-Katamnese der Entlassjahrgänge 2012 bis 2015 von Fachkliniken für Alkohol- und Medikamentenabhängige.* Sucht Aktuell, 25 (1), S. 25–38.

Bartsch, G. (2017). *Suchthilfe in Deutschland.* Suchtmagazin, 43 (2/3), S. 5–12.

Batra, A. (2015). *2.4. Lebensqualität.* In: AWMF – Arbeitsgemeinschaft der Wissenschaftlichen Medizinischen Fachgesellschaften e. V. (Hrsg.): S3-Leitlinie „Screening, Diagnostik und Behandlung des schädlichen und abhängigen Tabakkonsums". AWMF-Register Nr. 076-006. https://www.awmf.org/uploads/tx_szleitlinien/076-006l_S3_Tabak_2015-02.pdf (01.03.2019), S. 18–19.

Bauernhofer, K./Papousek, I./Fink, A./Weiss, E. M. (2016). *Problematisches Internetnutzungsverhalten (PIN) – eine Übersicht zu Messinstrumenten und Risikofaktoren.* Neuropsychiatrie, 30 (1), S. 2–9.

Becke, C. von der/Greiling, M. (2014). *Adäquate Vergütung auf Basis der transparenten Leistungserbringung – So wird hohe Qualität in der medizinischen Rehabilitation gesichert.* KU Gesundheitsmanagement, 83 (11), S. 71–74.

BMG – Bundesministerium für Gesundheit (2017). *Ratgeber Krankenhaus – Was Sie zum Thema Krankenhaus wissen sollten.* https://www.bundesgesundheitsministerium.de/fileadmin/Dateien/5_Publikationen/Gesundheit/Broschueren/BMG_Ratgeber_Krankenhaus.pdf (01.03.2019).

Bonn, V./Grünbeck, P./Klosterhuis, H. (2014). *Dokumentierte Komorbidität in der Sucht-Rehabilitation – Daten der Reha-Qualitätssicherung.* Sucht Aktuell, 21 (2), S. 30–36.

Borges, P./Zimolong, A. (2016). *Investitionsbedarf in der medizinischen Rehabilitation. Ergebnisse einer Befragung 2016.* http://www.sucht.de/tl_files/pdf/gutachten/2-160928_Investitionsbedarf_Reha_2016_final.pdf (06.03.2019).

Borges, P./Zimolong, A./Radkte, M./Werner, J.-P. (2017). *Gutachten zur aktuellen und perspektivischen Situation der Einrichtungen im Bereich der medizinischen Rehabilitation. Neuauflage 2017.* http://www.sucht.de/tl_files/pdf/gutachten/171101%20aktiva%20GA%20 Reha_2017_final_Versand.pdf (06.03.2019).

Brand, H./Steppan, M./Künzel, J./Pfeiffer-Gerschel, T. (2015). *Bildung und Sucht: Eine explorative Untersuchung im Rahmen der Deutschen Suchthilfestatistik.* Sucht, 61 (2), S. 69–78.

Breyer, F./Zweifel, P./Kifmann, M. (2013). *Gesundheitsökonomik.* 6. vollst. erw. und überarb. Auflage, Berlin/Heidelberg: Springer.

Brosius-Gersdorf, F./Gersdorf, H. (2018). *Angemessene Vergütung von Leistungen zur medizinischen Rehabilitation im Zuständigkeitsbereich der Deutschen Rentenversicherung. Ein Beitrag zur Entgeltregulierung im Sozialversicherungsrecht.* Schriften zum Öffentlichen Recht, Band 1391. Berlin: Duncker & Humblot.

Brünger, M./Krüger, T./Missel, P./Feige, L. et al. (2018). *Entwicklung und Evaluation eines ärztlich-psychotherapeutischen Befundberichts. Option für neue Zugangswege in die Suchtrehabilitation.* Physikalische Medizin, 28 (1), S. 32–38.

Buntenbach, A./Gunkel, A. (2017). *Beschaffung von Leistungen zur medizinischen Rehabilitation.* https://www.deutsche-rentenversicherung.de/Bund/de/Inhalt/6_Wir_ueber_uns/01_infos_zum_unternehmen/03_unternehmensprofil/012_selbstverwaltung/03_verbindliche_entscheidungen/2017/20170825_leistungen_zur_medizinischen_reha.html (06.03.2019).

Dauber H./Specht, S./Künzel, J./Braun, B. (2018). *Suchthilfe in Deutschland 2017. Jahresbericht der Deutschen Suchthilfestatistik (DSHS).* München: IFT Institut für Therapieforschung.

DHS – Deutsche Hauptstelle für Suchtfragen e. V. (2013). *Gemeinsam mehr erreichen! Frauen. Medikamente. Selbsthilfe. Ein Handbuch.* https://www.dhs.de/fileadmin/user_upload/pdf/Broschueren/Gemeinsam_mehr_erreichen.pdf (01.03.2019).

DHS – Deutsche Hauptstelle für Suchtfragen e. V./DBDD – Deutsche Beobachtungsstelle für Drogen und Drogensucht (2019). *Deutscher Kerndatensatz zur Dokumentation im Bereich der Suchtkrankenhilfe 3.0. Definitionen und Erläuterungen zum Gebrauch.* https://www.dhs.de/fileadmin/user_upload/pdf/Arbeitsfeld_Statistik/2018-01-01_Manual_Kerndatensatz_3.0.pdf (01.03.2019).

DIMDI – Deutsches Institut für Medizinische Dokumentation und Information (2018). *ICF.* https://www.dimdi.de/dynamic/de/klassifikationen/icf/ (02.01.2019).

DIMDI – Deutsches Institut für Medizinische Dokumentation und Information (2017). *ICD-10-GM. Version 2018. Systematisches Verzeichnis. Internationale statistische Klassifikation der Krankheiten und verwandter Gesundheitsprobleme, 10. Revision. German Modification.* https://www.micado-online.de/Portals/0/Dateien/Downloads/Dokumente/PUBLIK/ICD_2018.pdf (01.03.2019).

Domurath, B. (2015). *Bedeutung der klinischen Psychologie im DRG-System.* In: Strubenreither, F./Neikes, M./Stirnimann, D./Eisenhuth, J. et al. (Hrsg.): Klinische Psychologie bei Querschnittlähmung. Wien: Springer, S. 759–761.

DRV Bund (2017a). *Entwöhnungsbehandlung – ein Weg aus der Sucht.* https://www.deutsche-rentenversicherung.de/cae/servlet/contentblob/232574/publicationFile/51584/entwoehnungsbehandlung.pdf (06.03.2019).

DRV Bund (2017b). *Häufig gestellte Fragen und Antworten (FAQ) zu den Ergebnisberichten der Rehabilitandenbefragung.* https://www.deutsche-rentenversicherung.de/Allgemein/de/Inhalt/3_Infos_fuer_Experten/01_sozialmedizin_forschung/downloads/quali_rehabilitandenbefragung/RB_FAQ.pdf?__blob=publicationFile&v=4 (06.03.2019).

DRV Bund (2017c). *Programm zur Reha-Qualitätssicherung der Deutschen Rentenversicherung (DRV).* http://www.deutsche-rentenversicherung.de/cae/servlet/contentblob/207042/publicationFile/12299/Programmuebersicht.pdf (06.03.2019).

DRV Bund (2017d). *Strukturierter Qualitätsdialog.* https://www.deutsche-rentenversicherung.de/Allgemein/de/Inhalt/3_Infos_fuer_Experten/01_sozialmedizin_forschung/downloads/quali_allgemein/SQD-Broschuere.pdf?__blob=publicationFile&v=5 (06.03.2019).

DRV Bund (2014). *Strukturqualität von Reha-Einrichtungen – Anforderungen der Deutschen Rentenversicherung.* http://www.deutsche-rentenversicherung.de/cae/servlet/contentblob/208182/publicationFile/11642/2010_Brosch%C3%BCre_Strukturanforderungen.pdf (06.03.2019).

DRV Bund (2013). *Vereinbarungen im Suchtbereich.* http://www.deutsche-rentenversicherung.de/cae/servlet/contentblob/265920/publicationFile/62744/vereinbarungen_im_suchtbereich.pdf (06.03.2019).

Effertz, T. (2015). *Die volkswirtschaftlichen Kosten gefährlichen Konsums. Eine theoretische und empirische Analyse für Deutschland am Beispiel Alkohol, Tabak und Adipositas.* Frankfurt am Main: Peter Lang.

Egger, J. W. (2015). *Integrative Verhaltenstherapie und psychotherapeutische Medizin.* Wiesbaden: Springer Fachmedien.

Ewert, T. (2012). *Die Internationale Klassifikation der Funktionsfähigkeit, Behinderung und Gesundheit (ICF) als Klassifikationshilfe der langfristigen Krankheitsfolgen.* Bundesgesundheitsblatt, 55 (4), S. 459–467.

Farin, E./Jäckel, W. H. (2011). *Qualitätssicherung und Qualitätsmanagement in der medizinischen Rehabilitation.* Bundesgesundheitsblatt, 54 (2), S. 176–183.

Fleßa, S./Weber, W. (2017). *Informationsmanagement und Controlling in Krankenhäusern.* In: Busse, R./Schreyögg, J./Stagardt, T. (Hrsg.): Management im Gesundheitswesen. 4. Auflage, Berlin: Springer, S. 447–462.

Flodgren, G./Eccles, M. P./Shepperd, S./Scott, A. et al. (2011). *An overview of reviews evaluating the effectiveness of financial incentives in changing healthcare professional behaviours and patient outcomes.* Cochrane Database of Systematic Reviews, (7), S. 2014.

Freitag, H.-W./Schulz, A. (2018). *3.1 Bildungsbeteiligung, Bildungsniveau und Bildungsbudget.* In: Statistisches Bundesamt (StBA)/Wissenschaftszentrum Berlin für Sozialforschung (WZB) (Hrsg.): Datenreport 2018 – Ein Sozialbericht für die Bundesrepublik Deutschland. Bonn: Bundeszentrale für politische Bildung, S. 103-123.

Furnée, C. A./Groot, W./Brink, H. M. van den (2008). *The health effects of education: a meta-analysis.* European Journal of Public Health, 18 (4), S. 417–421.

Fydrich, T./Sommer, G./Tydecks, S./Brähler, E. (2009). *Fragebogen zur sozialen Unterstützung (F-SozU): Normierung der Kurzform (K-14).* Zeitschrift für Medizinische Psychologie, 18 (1), S. 43–48.

G-BA – Gemeinsamer Bundesausschuss (2018). *Richtlinie des Gemeinsamen Bundesausschusses über Leistungen zur medizinischen Rehabilitation (Rehabilitations-Richtlinie).* https://www.g-ba.de/downloads/62-492-1630/RL-Reha_2018-05-17_iK-2018-08-04.pdf (06.03.2019).

Gemeinsame Arbeitsgruppe BORA (2014). *Empfehlungen zur Stärkung des Erwerbsbezugs in der medizinischen Rehabilitation Abhängigkeitskranker vom 14. November 2014.* https://www.deutsche-rentenversicherung.de/Allgemein/de/Inhalt/3_Infos_fuer_Experten/01_sozialmedizin_forschung/downloads/konzepte_systemfragen/konzepte/gemeinsame_empfehlung_BORA_2014.pdf?__blob=publicationFile&v=3 (06.03.2019).

Gerdes, N./Funke, U.-N./Schüwer, U./Kunze, H. et al. (2009). *Ergebnisorientierte Vergütung der Rehabilitation nach Schlaganfall – Entwicklungsschritte eines Modellprojekts 2001–2008.* Rehabilitation, 48 (4), S. 190–201.

Gerdes, N./Funke, U.-N./Schüwer, U./Themann, P. et al. (2012). *„Selbstständigkeits-Index für die Neurologische und Geriatrische Rehabilitation (SINGER)" – Entwicklung und Validierung eines neuen Assessment-Instruments.* Rehabilitation, 51 (5), S. 289–299.

Gerlinger, T. (2012). *Die Vergütung von Krankenhausleistungen.* http://www.bpb.de/politik/innenpolitik/gesundheitspolitik/72027/verguetung-von-krankenhausleistungen?p=all (02.01.2019).

Geuss, S./Jungmeister, A./Baumgart, A./Seelos, R. et al. (2018). *Fallbegleitende DRG-Kodierung – Verbesserung von Wirtschaftlichkeit und Dokumentationsqualität in der stationären Versorgung.* Der Chirurg, 89 (2), S. 138–145.

Gomes de Matos, E./Atzendorf, J./Kraus, L./Piontek, D. (2016). *Substanzkonsum in der Allgemeinbevölkerung in Deutschland – Ergebnisse des Epidemiologischen Suchtsurveys 2015.* Sucht, 62 (5), S. 271–281.

Greenfield, S. F./Sugarman, D. E./Muenz, L. R./Patterson, M. D. et al. (2003). *The relationship between educational attainment and relapse among alcohol-dependent men and women: a prospective study.* Alcoholism, clinical and experimental research, 27 (8) S. 1278–1285.

Günthner, A./Weissinger, V./Fleischmann, H./Veltrup, C. et al. (2016). *4. Versorgungsorganisation.* In: AWMF – Arbeitsgemeinschaft der Wissenschaftlichen Medizinischen Fachgesellschaften e. V./DGPPN – Deutsche Gesellschaft für Psychiatrie und Psychotherapie, Psychosomatik und Nervenheilkunde e. V./DG-SUCHT – Deutsche Gesellschaft für Suchtforschung und Suchttherapie e. V. (Hrsg.): S3-Leitlinie „Screening, Diagnose und Behandlung alkoholbezogener Störungen". AWMF-Register Nr. 076-001, S. 334–364. https://www.awmf.org/uploads/tx_szleitlinien/076-001l_S3-Leitlinie_Alkohol_2016-02.pdf (06.03.2019).

Harney, A./Huster, S./Recktenwald, B. (2014). *Das Recht der Qualitätssicherung im SGB V - rechtliche Grundlagen und Systematisierung, Teil 2.* Medizinrecht, 32 (6), S. 365–372.

Helmreich, I./Lieb, K. (2015). *Resilienz: Schutzmechanismen gegen Burnout und Depression.* InFo Neurologie & Psychiatrie, 17 (2), S. 52–58.

Henninger, M. (2016). *Resilienz.* In: Frey, D. (Hrsg.): Psychologie der Werte: Von Achtsamkeit bis Zivilcourage - Basiswissen aus Psychologie und Philosophie. Berlin/Heidelberg: Springer, S. 157–165.

Hergeth, A. (2015). *Struktur des deutschen Gesundheitswesens.* Zeitschrift für Herz-, Thorax- und Gefäßchirurgie, 29 (6), S. 388–392.

Hermle, L./Szlak-Rubin, R./Täschner, K. L./Peukert, P. et al. (2013). *Substanzbezogene Störungen - Häufigkeit bei Patienten mit schizophrenen oder affektiven Störungsbildern.* Der Nervenarzt, 84 (3), S. 315–325.

Höwler, E. (2017). *Soziale Unterstützung in belastenden Lebenssituationen.* Pflegezeitschrift, 70 (5), S. 30–33.

Holtmann, M./Thomasius, R./Melchers, P./Klein, M. et al. (2018). *Anforderungen an die stationäre medizinische Rehabilitation für Jugendliche mit substanzbedingten Erkrankungen - Stellungnahme der Gemeinsamen Suchtkommission der kinder- und jugendpsychiatrischen Fachgesellschaften.* Zeitschrift für Kinder- und Jugendpsychiatrie und Psychotherapie, 46 (2), S. 173–181.

Horter, H./Driessen, M./Zapp, W. (2016). *Systemimmanente Anreize im Pauschalierenden Entgeltsystem Psychiatrie und Psychosomatik (PEPP) - Analyse am Beispiel der Behandlung der Alkoholabhängigkeit.* Wiesbaden: Springer Fachmedien.

Hurtienne, J./Koch, K. (2018). *Resilienz: Ein schädlicher Begriff für den Umgang mit Stress am Arbeitsplatz?* In: Karidi, M./Schneider, M./Gutwald, R. (Hrsg.): Resilienz: Interdisziplinäre Perspektiven zu Wandel und Transformation. Wiesbaden: Springer Fachmedien, S. 141–157.

Jacobi, F./Höfler, M./Strehle, J./Mack, S. et al. (2014). *Psychische Störungen in der Allgemeinbevölkerung: Studie zur Gesundheit Erwachsener in Deutschland und ihr Zusatzmodul Psychische Gesundheit (DEGS1-MH).* Nervenarzt, 85 (1), S. 77–87.

Jäger, M. (2015). *Aktuelle und psychiatrische Diagnostik - Ein Leitfaden für das tägliche Arbeiten mit ICD und DSM.* Stuttgart: Georg Thieme.

Jürges, H./Köberlein, J. (2015). *What explains DRG upcoding in neonatology? The role of financial incentives and infant health.* Journal of Health economics, 43 (1), S. 13–26.

Kipke, I./Brand, H./Geiger, B./Pfeiffer-Gerschel, T. et al. (2015). *Arbeitslosigkeit und Sucht - Epidemiologische und soziodemographische Daten aus der Deutschen Suchthilfestatistik 2007–2011.* Sucht, 61 (2), S. 81–93.

Kladny, B. (2015). *Stationäre und ambulante Rehabilitation in Deutschland - Aktueller Stand und weitere Entwicklungen.* Der Unfallchirurg, 118 (2), S. 103–113.

Klosterhuis, H. (2008). *Aktuelle Strategien der Deutschen Rentenversicherung in der Qualitätssicherung der medizinischen Rehabilitation.* Prävention und Rehabilitation, 20 (4), S. 184–192.

Knesebeck, O. von dem/Verde, P. E./Dragano, N. (2006). *Education and health in 22 European countries.* Social science & medicine, 63 (5), S. 1344–1351.

Koch, A. (2015). *Wofür brauchen wir BORA? Ausgangssituation und Aufgabenstellung.* Konturen online, 36 (2), S. 1–5. https://www.konturen.de/schwerpunktthema/schwerpunktthema-2-2015-die-bora-empfehlungen/wofuer-brauchen-wir-bora/ (06.03.2019).

Koch, A./Missel, P. (2015). *Kommentar zum Artikel „Bildung und Sucht: Eine Untersuchung im Rahmen der Deutschen Suchthilfestatistik" von Hanna Brand et al. Sucht, 61, 2015, 69–78.* Sucht, 61 (2), S. 79–80.

Koch, A./Schinner, D. (2015). *BORA kompakt – Was Sie über die BORA-Empfehlungen wissen sollten.* Konturen online, 36 (2), S. 1–10. https://www.konturen.de/schwerpunktthema/schwerpunktthema-2-2015-die-bora-empfehlungen/bora-kompakt/ (06.03.2019).

Krohne, H. W. (2017). *Stress und Stressbewältigung bei Operationen.* Berlin/Heidelberg: Springer.

Kuhn-Thiel, C./Sorge, R./Neumaier, S. (2018). *Grundlagen des PEPP-Systems.* In: Medizinischer Dienst der Krankenversicherung Baden-Württemberg (Hrsg.): Kompendium zum pauschalierenden Entgeltsystem in der Psychiatrie und Psychosomatik (PEPP) – Basiswissen zur Systematik, sozialrechtlichen Grundlagen, Regelwerken und Schlüsselverzeichnissen und Grundsätzen der Begutachtung. Lahr/Schwarzwald, S. 24–64.

Kunz, D./Schneider, D. (2017). *Fähigkeiten und Beeinträchtigungen in allen Lebensbereichen erfassen – Der ICF-basierte Fremdbeurteilungsbogen „Mini-ICF-APP" als Standardinstrument in der Suchthilfe.* Konturen online, 38 (1), S. 1–14. https://www.konturen.de/fachbeitraege/faehigkeiten-und-beeintraechtigungen-in-allen-lebensbereichen-erfassen/ (06.03.2019).

Ludolph, E. (2013). *Gesetzliche Rentenversicherung (Deutsche Rentenversicherung) – Qualitative und quantitative Leistungsminderung.* In: Ludolph, E. (Hrsg.): Der Unfallmann. 13. Auflage, Berlin/Heidelberg: Springer, S. 321–331.

Maio, G. (2015). *„Ich tue das Richtige nur gegen Belohnung" – Eine Kritik an Pay-for-Performance in der Psychiatrie.* Der Nervenarzt, 86 (11), S. 1349–1357.

Meyer, G. (2017). *Glücksspielbezogene Störung – Spielsucht.* In: Meyer G.; Bachmann, M. (Hrsg.): Spielsucht: Ursachen, Therapie und Prävention von glücksspielbezogenem Suchtverhalten. 4. Auflage, Berlin/Springer, S. 39–76.

Missel, P./Koch, A./Arens, J./Funke, W. et al. (2016). *3.8 Entwöhnungsbehandlung und andere Formen der Postakutbehandlung.* In: AWMF – Arbeitsgemeinschaft der Wissenschaftlichen Medizinischen Fachgesellschaften e. V./DGPPN – Deutsche Gesellschaft für Psychiatrie und Psychotherapie, Psychosomatik und Nervenheilkunde e. V./DG-SUCHT – Deutsche Gesellschaft für Suchtforschung und Suchttherapie e. V. (Hrsg.): S3-Leitlinie „Screening, Diagnose und Behandlung alkoholbezogener Störungen". AWMF-Register Nr. 076-001, S. 288–333. https://www.awmf.org/uploads/tx_szleitlinien/076-001l_S3-Leitlinie_Alkohol_2016-02.pdf (06.03.2019).

Moggi, F. (2014). *Ist eine wirksame psychosoziale Behandlung von Patienten mit Suchterkrankungen und komorbiden psychischen Störungen eine unmögliche Aufgabe?* Suchttherapie, 15 (1). S. 9–15.

Neubauer, G./Ranneberg, J. (2005). *Ergebnisorientierte Vergütung der neurologischen Rehabilitation.* Förderkennzeichen: 8011-106-31/31.10.11.1-C5. Abschlussbericht November 2005. http://forschung.deutsche-rentenversicherung.de/ForschPortalWeb/rehaDoc.pdf?rehaid=21621743D0120BDBC1256E990043D407 (06.03.2019).

Penter, V./Augurzky, B. (2014). *Gesundheitswesen für Praktiker.* Wiesbaden: Springer Fachmedien.

Peters, S. (2017). *Erwerbslos, überschuldet, wohnungslos… – Junge Erwachsene im Dickicht der Problemlagen.* In: Schroeder, J./Seukwa, L. H./Voigtsberger, U. (Hrsg.): Soziale Bildungsarbeit – Europäische Debatten und Projekte. Wiesbaden: Springer Fachmedien, S. 51–68.

Peters, C./Feldmann, S. (2017). *Ausgestaltung von Vergütungssystemen zur Anreizung von Integration und Kooperation.* In: Brandhorst, A./Hildebrandt, H./Luthe, E.-W. (Hrsg.): Kooperation und Integration – das unvollendete Projekt des Gesundheitssystems. Wiesbaden: Springer Fachmedien, S. 443–448.

Prütz, F. (2012). *Was ist Qualität im Gesundheitswesen?* Ethik in der Medizin, 12 (24), S. 105–115.

QS-Reha (2017). *Qualitätssicherungsverfahren der Gesetzlichen Krankenkassen für Einrichtungen der medizinischen Rehabilitation und Vorsorge. Methodenhandbuch für die Umsetzung des QS-Reha®-Verfahrens.* https://qs-reha.de/media/dokumente/methodik/2017_09_21_Methodenhandbuch_QS_Reha.pdf (06.03.2019).

Ranneberg, J./Neubauer, G. (2005). *Entwicklung von Rehabilitationsbehandlungsgruppen (RBG) für die Kardiologie und Orthopädie – Ergebnisse eines Forschungsprojektes.* Die Rehabilitation, 44 (1), S. 34–43.

Roeder, N./Bunzemeier, H./Franz, D. (2015). *Potenzieller Widerspruch zwischen Qualität und Wirtschaftlichkeit – Perspektive eines Krankenhauses.* Zeitschrift für Herz-, Thorax- und Gefäßchirurgie, 29 (4), S. 254–261.

Schäfer, M./Wodarz, N./Bonnet, U./Hermann, D. et al. (2016). *3.3 Qualifizierte Entzugsbehandlung.* In: AWMF – Arbeitsgemeinschaft der Wissenschaftlichen Medizinischen Fachgesellschaften e. V./DGPPN – Deutsche Gesellschaft für Psychiatrie und Psychotherapie, Psychosomatik und Nervenheilkunde e. V./DG-SUCHT – Deutsche Gesellschaft für Suchtforschung und Suchttherapie e. V. (Hrsg.): S3-Leitlinie „Screening, Diagnose und Behandlung alkoholbezogener Störungen". AWMF-Register Nr. 076-001, S. 75–79. https://www.awmf.org/uploads/tx_szleitlinien/076-001l_S3-Leitlinie_Alkohol_2016-02.pdf (06.03.2019).

Schlingensiepen, I. (2009). *Gute Reha-Ergebnisse – da gibt's einen Bonus.* Ärzte Zeitung online, 23.07.2009. https://www.aerztezeitung.de/politik_gesellschaft/krankenkassen/article/559098/gute-reha-ergebnisse-gibts-bonus.html (06.03.2019).

Schlöffel, M./Mittag, O./Funke, W./Pollmann, H. et al. (2016). *Praxisempfehlungen für den Umgang mit komorbiden Suchtproblemen in der somatischen und psychosomatischen Rehabilitation (Langfassung).* https://www.uniklinik-freiburg.de/fileadmin/mediapool/08_institute/qm-sozmed/Praxisempfehlungen/Praxisempfehlungen_PESu_Langfassung.pdf (06.03.2019).

Schulenburg, J.-M. Graf v. d./Greiner, W. (2013). *Gesundheitsökonomik.* 3. Auflage, Tübingen: Mohr Siebeck.

Schumacher, J./Leppert, K./Gunzelmann, T./Strauß, B. et al. (2005). *Die Resilienzskala – Ein Fragebogen zur Erfassung der psychischen Widerstandsfähigkeit als Personmerkmal*. Zeitschrift für Klinische Psychologie, Psychiatrie und Psychotherapie, 53 (1), S. 16–39.

Schuntermann, M. F. (2011). *Die Bedeutung der ICF für das deutsche Gesundheits- und Sozialsystem*. Suchttherapie, 12 (1), S. 8–13.

Schwarzer, R./Jerusalem, M. (1999). *Skalen zur Erfassung von Lehrer- und Schülermerkmalen – Dokumentation der psychometrischen Verfahren im Rahmen der Wissenschaftlichen Begleitung des Modellversuchs Selbstwirksame Schulen*. http://www.psyc.de/skalendoku.pdf (06.03.2019).

Spars, G./Voigtländer, M. (2015). *Divergierende Wohnungsmärkte in Deutschland*. Wirtschaftsdienst, 95 (3), S. 208–212.

Spyra, K./Ammelburg, N./Köhn, S. (2010). *Rehabilitanden-Management-Kategorien (RMK): Überblick zu den Ergebnissen aus der bisherigen Forschungs- und Entwicklungsarbeit*. Praxis klinische Verhaltensmedizin und Rehabilitation, 23 (87), S. 63–80.

Spyra, K./Köhn, S./Ammelburg, N./Schmidt, C. et al. (2011a). *Rehabilitanden-Management-Kategorien (RMK) – Entwicklungsprozess und ausgewählte Ergebnisse am Beispiel der Suchtrehabilitation*. Die Rehabilitation, 50 (5), S. 298–307.

Spyra, K./Egner, U./Fahrenkrog, S./Köhn, S. et al. (2011b). *Rehabilitanden-Management-Kategorien (RMK) in der Sucht-Rehabilitation – Forschungsergebnisse für die klinische Praxis*. Sucht Aktuell, 18 (2), S. 20–30.

Steuergruppe Herausforderung Sucht (2010). *Herausforderung Sucht. Grundlagen eines zukunftsfähigen Politikansatzes für die Suchtpolitik in der Schweiz*. https://edudoc.ch/record/38394/files/Bericht.pdf (06.03.2019).

SVR Gesundheit - Sachverständigenrat zur Begutachtung der Entwicklung im Gesundheitswesen (2014). *Bedarfsgerechte Versorgung – Perspektiven für ländliche Regionen und ausgewählte Leistungsbereiche, Gutachten 2014*. https://www.svr-gesundheit.de/fileadmin/user_upload/Gutachten/2014/SVR-Gutachten_2014_Langfassung.pdf (06.03.2019).

Tölle, R./Windgassen, K. (2014). *Psychiatrie*. 17. Auflage, Berlin/Heidelberg: Springer.

Ueberschär, I./Kampczyk, U./Schmidtke, B./Retzlaff, R. (2017). *Die Notwendigkeit eines einfachen Zugangs in die Rehabilitation Suchtkranker*. Sucht Aktuell, 24 (1), S. 11–14.

Vogelgesang, M. (2016). *Rehabilitation bei Alkoholabhängigkeit*. Die Rehabilitation, 55 (4), S. 256–266.

Vollmann, J. (2014). *Das neue pauschalisierende Entgeltsystem PEPP – Eine ethische Analyse*. Der Nervenarzt, 85 (11), S. 1410–1418.

Walter, M./Dammann, G. (2012). *Abhängigkeitserkrankungen und Persönlichkeitsstörungen*. Psychotherapeut, 57 (5), S. 425–433.

Wasem, J./Reifferscheid, A./Südmersen, C./Faßbender, R. et al. (2012). *Das pauschalierende Entgeltsystem für psychiatrische und psychosomatische Einrichtungen – Prüfung der Eignung alternativer Abrechnungseinheiten gemäß dem gesetzlichen Prüfauftrag nach § 17d Abs. 1 S. 2 KHG*. Essen: Institut für Betriebswirtschaft und Volkswirtschaft (IBES), Universität Duisburg-Essen. https://www.wiwi.uni-due.de/fileadmin/fileupload/WIWI/pdf/IBES_195_Gutachten_Psych-Entg_Final.pdf (05.03.2019).

Weissinger, V. (2018). *Die Dimension von Qualität im Bereich der Rentenversicherung: Aktuelle Entwicklungen aus Sicht des Fachverbandes Sucht e. V.* Sucht Aktuell, 25 (1), S. 45–48.

Wölfling, K./Dreier, M./Müller, K. W./Beutel, M. E. (2017a). *Internetsucht und „internetbezogene Störungen" – Ursachen und Behandlungsmöglichkeiten.* Psychotherapeut, 62 (5), S. 422–430.

Wölfling, K./Müller, K. W./Beutel, M. E. (2017b). *Verhaltenssüchte – Störungsbilder und Behandlungsansätze: Wenn exzessives Verhalten zur Sucht wird.* InFo Neurologie & Psychiatrie, 19 (11), S. 44–52.

5 Die zunehmende Bedeutung der pflegenden Angehörigen

Doch wer versorgt sie?

YVONNE MARX, IN ZUSAMMENARBEIT MIT ULRICH F. APEL UND GERNOT HEUSINGER VON WALDEGG

Ein großer Teil der Pflege für pflegebedürftige ältere Menschen wird im häuslichen Bereich durch Angehörige erbracht. Aufgrund zu erwartender personeller Versorgungslücken sowohl im ambulanten als auch im stationären Bereich wird informell erbrachte Pflege durch pflegende Angehörige wesentlich an Bedeutung zunehmen. Die Identifikation, Beratung und Koordination pflegender Angehöriger obliegen zumeist dem Hausarzt, der besondere körperliche, psychische sowie soziale Bedingungen und Belastungen erkennen und berücksichtigen muss. Es existieren jedoch zahlreiche Barrieren, die eine frühe Identifikation in der hausärztlichen Praxis erschweren. Bereits bestehende Interventionen zur Entlastung pflegender Angehöriger sind oft umfangreich, nicht weitreichend erfolgreich oder werden nicht in Anspruch genommen. Aus diesem Grunde soll ein geriatrisches Pflegenetzwerk entwickelt werden, das pflegende Angehörige durch frühe Einbindung, bedarfsgerechte Wissensvermittlung und Begleitung im Pflegeprozess unterstützt und so einen langen Verbleib und adäquate Pflege der Pflegebedürftigen in der Häuslichkeit ermöglicht.

Um sich dem Thema der Pflegeversorgung älterer Menschen anzunähern, seien einige epidemiologische und versorgungspolitische Daten dem Text vorangestellt: Zunächst nicht überraschend erscheinen die stetig steigende Zahl älterer Menschen und ihr Bevölkerungsanteil. Überraschend hingegen ist, dass die Altersstruktur sich erheblich ändert. Folglich nimmt der Anteil der über 80-Jährigen an der Gesamtbevölkerung in den nächsten zehn Jahren von 5,4 % auf 7,9 % zu (von 4,37 Mio. im Jahr 2013 auf geschätzt 6,3 Mio. im Jahr 2030) (vgl. Rothgang et al., 2016, S. 7). Die Anzahl der Pflegebedürftigen steigt mit zunehmendem Alter stärker als bisher prognostiziert: Bei den 70- bis 74-Jährigen war im Jahr 2017 jeder Zwanzigste (6 %) pflegebedürftig, für die über 90-Jährigen betrug die Pflegequote 71 % (vgl. SVR, 2009; StBA, 2018, S. 8). Aufgrund dieser Altersstrukturveränderungen und unter der Annahme gleichbleibender alters- und geschlechtsspezifischer Pflegequoten könnte die Zahl der Pflegebedürftigen bis 2060 auf 4,6 Millionen steigen. Dies entspräche einem Anteil dieser Gruppe an der Gesamtbevölkerung von ca. 7 % – ein doppelt so hoher Anteil wie heute (vgl. Rothgang et al., 2015, S. 14). Parallel zu dieser Entwicklung wird die Anzahl der Personen im erwerbsfähigen Alter sinken. Die Folge ist ein sinkendes Arbeitskräfteangebot, zu erwarten sind demnach beträchtliche personelle Versorgungslücken sowohl im ambulanten als auch im stationären Bereich (vgl. Rothgang et al., 2016, S. 5).

Art und Ort der Versorgung sind grundsätzlich abhängig vom Alter, der Pflegeintensität und der personellen Möglichkeiten im heimischen Bereich: Im Jahr 2017 wurden 76 % (2,59 Mio.) der rund 3,4 Mio. pflegebedürftigen Personen in Deutschland zu Hause betreut, mehrheitlich allein durch Angehörige (1,765 Mio.) (vgl. StBA, 2018, S. 8). Im Alter von 60 bis 69 Jahren wird nur jeder Fünfte in Pflegeheimen betreut; dieser Anteil steigt mit zunehmendem Alter. Dennoch lebt selbst von den über 90-jährigen Pflegebedürftigen mehr als jeder Zweite zu Hause und wird durch (immer älter werdende) Angehörige oder ambulante Pflegedienste versorgt (vgl. BiB, 2017).

Im Rahmen dieses Beitrags werden ausgehend vom steigenden Bedarf Perspektiven einer zeitnahen Identifikation pflegender Angehöriger durch Hausärzte und Hausärztinnen sowie Interventionen zur Entlastung diskutiert. Darauf aufbauend wird ein mögliches Pflegenetzwerk entwickelt, in dessen Rahmen die Versorgung und Betreuung pflegender Angehöriger bereits mit Beginn des Pflegegeschehens möglich sind. Dazu werden in Kapitel 5.1 aktuelle Unterstützungsmöglichkeiten für pflegende Angehörige, der Zusammenhang zwischen möglichen negativen gesundheitlichen Auswirkungen und Pflege ohne Unterstützung sowie Faktoren, die eine Erkennung in der hausärztlichen Praxis erschweren, betrachtet. Auf eine detaillierte Beschreibung negativer gesundheitlicher Folgen durch inoffizielle Pflege wird bewusst verzichtet, um den Fokus auf (neuen) Möglichkeiten und Grenzen in der Versorgung pflegender Angehöriger in der hausärztlichen Praxis und der Entwicklung einer adäquaten Lösungsstrategie zu belassen. In Kapitel 5.2 werden Interventionen zur Entlastung pflegender Angehöriger näher beleuchtet. Im Mittelpunkt des letzten Kapitels steht die Neuentwicklung eines Netzwerks, das die Möglichkeit bietet, pflegende Angehörige bereits von Beginn der Pflegetätigkeit an zu schulen und zu begleiten, um so negative gesundheitliche Folgen der höheren Belastung zu verhindern. Die Idee des Netzwerks entstand bereits im Jahr 2000 unter dem Namen GrowiAn[1], in Zusammenarbeit mit Dr. Thomas Stamm, der diesen Gedanken entscheidend mit auf den Weg brachte. Das Grundgerüst wurde aufgegriffen und auf Basis aktueller Entwicklungen modifiziert.

5.1 Pflegende Angehörige: Belastet, aber oft unerkannt

Der Begriff der pflegenden Angehörigen[2] wird im Folgenden weit gefasst: Gemeint sind neben Familienmitgliedern auch Freunde, Nachbarn und Bekannte, die sowohl im Haushalt als auch außerhalb des Haushalts der gepflegten Person wohnhaft sein können. Zu Grunde liegendes Kriterium ist hier, dass die geleistete Unterstützung durch diese Personen informell bzw. nicht grundsätzlich professionell erbracht wird (vgl. Nowossadeck et al., 2016). Seit dem 01.01.2017 haben pflegende Angehörige, die eine oder mehrere pflegebedürftige Personen des Pflegegrads 2–5 in ihrer häuslichen Umgebung nicht erwerbsmäßig pflegen (für wenigstens zehn Stunden wöchentlich, verteilt auf regelmäßig mindestens zwei Tage in der Woche), im Sinne der Pflegeversicherung als Pflegeperson Anspruch auf Leistungen zur sozialen Sicherung (vgl. BMG, 2017a). Allerdings zeigen weder das Gesetz zur besseren Vereinbarkeit von Familie, Pflege und Beruf (Weiterentwicklung der Regelungen im Pflegezeitgesetz und im Familienpflegezeitgesetz), noch der im zweiten Pflegestärkungsgesetz (PSG II) eingeführte Anspruch zur Teilumwidmung des Sachleistungsanspruchs in nach Lan-

---

1 gerontologisch-geriatrisches Netz stationärer und ambulanter Rehabilitation wissenschaftlich begleiteter Psychoedukation von Pflegebedürftigen und ihren Angehörigen in regionalen Versorgungsstrukturen

2 Die Begriffe informell Pflegende, informelle Pflegepersonen und pflegende Angehörige werden in diesem Beitrag synonym verwendet.

desrecht anerkannte Angebote zur Unterstützung im Alltag bislang sichtbare Ergebnisse. Die Nutzung des Pflegeunterstützungsgelds ist quantitativ ebenso vernachlässigbar wie die Nutzung des zinslosen Darlehens in der Pflegezeit und die Nutzung des Umwandlungsanspruchs. Spürbar hingegen sind die veränderten Regelungen für die Rentenversicherungsbeiträge für pflegende Angehörige – gemeint sind steigende Ausgaben der Pflegeversicherung für Beiträge an die Rentenversicherung. Eine unmittelbare finanzielle Entlastung der pflegenden Angehörigen in der Pflegephase resultiert daraus jedoch nicht, da die zusätzlichen Ansprüche erst in der Rentenphase wirksam werden (vgl. BMG 2017b; Rothgang/Müller, 2018, S. 9).

Entlastende Angebote (Tages- und Nachtpflege, Kurzzeitpflege, Betreuungs- und Haushaltshilfen) sind unter pflegenden Angehörigen mehrheitlich bekannt, werden aber mit Ausnahme der Pflegedienste nur von einer Minderheit der pflegenden Angehörigen in Anspruch genommen (vgl. Schwinger et al., 2016, S. 199). Ursächlich dafür ist hier vorrangig der Wunsch der pflegebedürftigen Personen, nicht von „fremden" Menschen gepflegt zu werden. Des Weiteren zweifeln pflegende Angehörige bereits vor einer möglichen Inanspruchnahme an der Qualität, den Kosten und dem Nutzen der entlastenden Hilfsangebote oder können die Angebote aufgrund regionaler Strukturen nicht wahrnehmen (vgl. Rothgang/Müller, 2018, S. 16; Schwinger et al., 2018, S. 199). Die Pflege durch pflegende Angehörige ohne jegliche (personelle) Unterstützung und Entlastung geht jedoch mit einer signifikant höheren Wahrscheinlichkeit negativer Auswirkungen auf die Gesundheit der Pflegenden einher. Je länger die Pflegezeit dauert, desto gravierender sind die Auswirkungen auf die gesundheitliche Verfassung. Obwohl höhere Belastungen und ein daraus resultierendes schlechteres körperliches und psychologisches Wohlbefinden pflegender Angehöriger bekannt sind, erhalten sie in den meisten Fällen keine angemessene Unterstützung durch Angehörige der Gesundheitsberufe oder/und der Sozialdienste oder sie nehmen bestehende Möglichkeiten nicht in Anspruch (vgl. Lavela/Ather, 2010; Carduff et al., 2014; Höppner et al., 2015, S. 199; Brügger et al., 2016, S. 141; Riedel et al., 2016, S. 168; Wilz/Pfeiffer, 2017, S. 1247; Zwingmann et al., 2018, S. 495).

Insofern die Pflege oftmals ohne jegliche Unterstützung beispielsweise eines Pflegedienstes geleistet wird, sind Hausärzte zumeist die einzigen Angehörigen der Gesundheitsberufe, zu denen Patientinnen und Patienten sowie auch informelle Pflegepersonen regelmäßig Kontakt haben. Den Hausärzten kommt häufig nahezu automatisch eine zentrale Schlüsselfunktion zu: Sie müssen und sollen - im Rahmen ihres Versorgungsauftrags - Patientinnen und Patienten als pflegende Angehörige und damit auch erste Anzeichen bzw. Symptome einer Überlastung durch Pflegeaktivitäten möglichst frühzeitig erkennen und das individuelle, pflegebedingte Gesundheitsrisiko auf Grundlage aktueller Leitlinien analysieren. Diese Analyse stellt dann die Basis für eine weiterführende Beratung - ebenfalls durch den Hausarzt - dar (vgl. KBV, 2014). Trotz zunehmender Bemühungen und Ratschläge für eine frühe Identifikation der Pflegenden und ihrer Bedürfnisse bleiben sie in der hausärztlichen Praxis oft unerkannt. Die Ursachen dafür sind mannigfaltig: Pflegende Angehörige suchen selten von sich aus Hilfe auf bzw. sprechen kaum eine Überlastung im Zusammenhang mit geleisteter Pflegetätigkeit aktiv in der hausärztlichen Praxis an (vgl. Carduff et al., 2014; Riedel et al., 2016, S. 168; Zwingmann et al., 2018, S. 495). Der Zeitpunkt bzw. die frühe Identifikation informell Pflegender ist jedoch richtungsweisend in Bezug auf Möglichkeiten adäquater Unterstützung sowie zur Vermeidung belastungsbedingter Folgeschäden aufseiten der Patientinnen und Patienten sowie der pflegenden Angehörigen (vgl. Carduff et al, 2014; Riedel et al., 2016). Eine frühzeitige Erkennung in der hausärztlichen Praxis wird durch verschiedene Umstände erheblich erschwert:

- Die Gruppe der pflegenden Angehörigen ist bezüglich des Alters, des Geschlechts und der sozialen Umstände sehr heterogen. Des Weiteren werden pflegebedürftige Personen und ihre informell pflegenden Angehörigen nicht zwangsläufig in ein und derselben Praxis versorgt (vgl. Höppner et al., 2015, S. 311; Riedel et al., 2016, S. 170).

- „Die Identifikation pflegender Angehöriger ist kompliziert - nicht jedes Familienmitglied pflegt und nicht jeder Pflegende ist ein Familienmitglied." (Carduff et al., 2014)
- Die informelle Pflege einer anderen Person kann als schrittweiser Prozess gesehen werden: Pflegende identifizieren sich selbst nicht sofort mit dieser Rolle. Sie müssen oft erst von Fachleuten ermutigt werden, sich selbst als informell Pflegende zu betrachten (vgl. Carduff et al., 2014).
- Die Bedürfnisse und Symptome der Pflegenden als Patienten werden häufig durch die Pflegeperson selbst und auch durch behandelnde Hausärztinnen und Hausärzte zunächst nicht priorisiert. Der Fokus wird auf praktische Aspekte und Probleme der Pflegetätigkeit reduziert. So werden Bedürfnisse und frühe Symptome der pflegenden Angehörigen nicht als solche wahrgenommen (vgl. Burridge et al., 2011).
- Informell Pflegende trivialisieren ihre eigene Gesundheit und erwähnen eigene Symptome und Gesundheitsprobleme selten. Aufgrund eines Schuld- oder Pflichtgefühls lehnen sie es bewusst ab, sich selbst als Patient zu betrachten. Bedenken werden nur in Bezug auf den zu pflegenden Patienten geäußert (vgl. Jones et al., 1993, S. 250; Burridge et al., 2011).
- Ihre eigenen Bedürfnisse werden im Vergleich zu denen der Pflegebedürftigen als unbedeutend empfunden und nicht angesprochen, um die „Zeit der Ärzte nicht zu verschwenden" (Burridge et al., 2011).
- Pflege wird zumeist als praktische, körperliche Tätigkeit angesehen, sodass Hausärzte die weniger sichtbaren und oft nicht angesprochenen, aber vorhandenen psychosozialen Auswirkungen und Symptome nicht bemerken (vgl. Bulsara/Fynn, 2006, S. 3).
- Hausarztkonsultationen müssen i. d. R. kurz und standardisiert verlaufen. Nicht offensichtliche und verschwiegene Symptome sowie

Belastungen sind (zunächst) nicht wahrnehmbar (vgl. Carduff et al., 2014; Höppner et al., 2015, S. 311).

Wenn sich pflegende Angehörige bereits in einer Belastungssituation befinden und gesundheitliche Einschränkungen angesprochen werden, kann mit gezielten therapeutischen Maßnahmen und koordinierten Angeboten Linderung erzielt werden. Entsprechende Programme und Maßnahmen – wie das folgende Kapitel zeigt – sind für den Patienten und seine verfügbaren Ressourcen adäquat zu wählen (vgl. Bialon/Coke, 2012, S. 212).

5.2 Unterstützung und Entlastung pflegender Angehöriger durch Interventionen?

Pflegende Angehörige sind in Bezug auf ihre Belastungen und mögliche Interventionen – sowohl personeller als auch technischer Art – zur Entlastung bzw. zur Minimierung negativer gesundheitlicher Folgen zunehmend in den Fokus des Forschungsgeschehens gerückt. Studien, die vorwiegend in englischsprachigen Ländern durchgeführt wurden, zeigen, dass es zahlreiche Barrieren gibt, die eine frühzeitige Erkennung informeller Pflegepersonen als solche in den ärztlichen Praxen verzögern bzw. erschweren. Entsprechende Empfehlungen zur Überwindung dieser Hindernisse wurden u. a. vom „Royal College of General Practitioners" in Zusammenarbeit mit dem „The Princess Royal Trust for Carers" (Großbritannien) zusammengefasst (vgl. The Princess Royal Trust for Carers/Royal College of General Practitioners, 2011). Zahlreiche Studien und Interventionen, die Auswirkungen auf die psychologischen Symptome und die Lebensqualität pflegender Angehöriger untersuchen und verbessern sollen, stehen zunehmend im Mittelpunkt der aktuellen Forschung:

- Candy et al. (2011) untersuchten die Auswirkungen unterstützender Maßnahmen zur Verbesserung der psychischen und körperlichen Gesundheit informell Pflegender. Die Analyse von acht Studien (insgesamt 934 Teilnehmer) zeigte, dass Interventionen, die auf die Bezugspersonen ausgerichtet waren, kurzfristig zur Pufferung von psychischen Problemen beitrugen: Pflegende, die die Intervention im Vergleich zu einer Kontrollgruppe erhielten, hatten eine geringfügig bessere Lebensqualität und eine geringfügig verbesserte Fähigkeit, ihre Rolle als Pflegende zu bewältigen. Die Ergebnisse waren jedoch nicht statistisch signifikant.

- Eine randomisierte, kontrollierte Studie mit 81 Pflegenden von demenziell erkrankten Patientinnen und Patienten wurde von Boots et al. (2016) durchgeführt. Diese Studie untersucht die Wirksamkeit einer elektronischen Gesundheitsunterstützung, des Programms „Partner in Balance“, bei dem persönliches Coaching mit webbasierten Modulen kombiniert wird. Bezüglich des Auftretens und der Ausprägung von Depressionen, Angstzuständen und des wahrgenommenen Stresses konnten keine signifikanten Unterschiede nachgewiesen werden (vgl. Boots et al., 2016; Boots et al., 2018).
- Barnes und Markham (2018) entwickelten einen individualisierten, „Eins-zu-eins“-Verhaltensansatz zur Verbesserung des Wissens, der Fähigkeiten und des Verhaltens von Pflegenden demenziell erkrankter Personen im Umgang mit Kommunikationsschwierigkeiten. In dieser randomisierten, kontrollierten Studie wurden 27 Betreuer, die individualisierte Sitzungen mit „Talking Sense“ absolvierten, mit 25 Betreuern verglichen, die nur eine (Kontroll-)Sitzung erhielten. Auch in dieser Studie konnten keine signifikanten Reduzierungen der Angstzustände und Depressionen der Pflegenden sowie Verbesserungen ihrer Lebensqualität und der Selbstwirksamkeit festgestellt werden (vgl. Barnes/Markham, 2018).

Trotz bisher insgesamt fehlender signifikanter Auffälligkeiten nehmen die Bemühungen zur Verbesserung des körperlichen und psychosozialen Wohlbefindens der informell Pflegenden kontinuierlich zu. Auch psychologische Aspekte und Begleiterscheinungen, die durch informelle Betreuungsaktivitäten verursacht werden, gewinnen zunehmend an Aufmerksamkeit. Bei inzwischen weitreichenden und umfassenden Forschungsaktivitäten sind informelle Pflegepersonen von demenziell Erkrankten immer noch die am meisten untersuchte Studienpopulation (vgl. Boots et al., 2016; Riedel et al., 2016; Jenkins/Feldmann, 2018; Zwingmann et al., 2018). Eine adäquate Lösungsstrategie für eine nachhaltig wirksame

Intervention zur Verringerung gesundheitlicher Belastungen bei pflegenden Angehörigen - auch von demenziell Erkrankten - existiert jedoch bislang nicht. Auch wenn technisch und personell oft aufwendige Interventionen in den Blick genommen worden sind, konnten bisher keine signifikanten Ergebnisse erzielt werden. Demzufolge scheinen komplexe, vernetzte Interventionen und Maßnahmen notwendig zu sein, die zu einem früheren Zeitpunkt des Pflegegeschehens begonnen werden sollten.

5.3 Intervention: Früherer Ansatz und Vernetzung

Die vorangegangenen Ausführungen zeigen, dass eine Identifikation, Beratung und Unterstützung pflegender Angehöriger richtungsweisend für den weiteren Verlauf der Pflege in der Häuslichkeit durch pflegende Angehörige sind. Je früher ein Angehöriger entsprechend seinen Kenntnissen und Ressourcen geschult und bezüglich der zu verrichtenden Pflegetätigkeiten und möglicher Entlastungen beraten werden kann, desto wahrscheinlicher sind die Schaffung und Erhaltung einer guten Pflege in der Häuslichkeit unter Wahrung eines guten Gesundheitszustands seitens des pflegenden Angehörigen. Als erster Ansprechpartner und „Lotse" wird zumeist der niedergelassene Hausarzt gesehen, strukturelle und soziale Barrieren erschweren jedoch eine frühzeitige Identifikation und adäquate Koordination in der hausärztlichen Praxis. Die hausärztliche Praxis ist in Bezug auf pflegende Angehörige deshalb nicht als einziger „Kümmerer und Koordinator" zu sehen, sondern vielmehr als ein essenzieller Akteur innerhalb eines Versorgungsnetzwerks.

Vielversprechend ist deshalb ein multiprofessioneller, vernetzter Ansatz, der bereits zu einem Zeitpunkt ansetzt, an dem Angehörige noch nicht durch die Pflegetätigkeit belastet sind, beispielsweise während eines Klinikaufenthalts eines Angehörigen als Patienten, wenn eine Rückkehr in die Häuslichkeit zwar möglich, aber der Eintritt einer Pflegebedürftigkeit absehbar ist (vgl. Abb. 5.1). Die Bereitschaft der Angehörigen, sich in die therapeutische Arbeit und Pflege einbeziehen zu lassen - und zwar unter dem Eindruck einer akuten Erkrankung des Betroffenen und einer bevorstehenden Pflegebedürftigkeit – ist zu diesem Zeitpunkt meist höher als zu späteren Zeitpunkten des Pflegegeschehens.

Fragen der Pflegetätigkeit pflegender Angehöriger und Pflegebedürftiger in der häuslichen Situation können mit Prinzipien der stationären und ambulanten oder ggf. der geriatrischen Rehabilitation verknüpft und durch beratende Angebote erweitert werden. Bereits in der Akutgeriatrie können die Grundlagen einer stabilen und tragfähigen häuslichen Pflege durch frühzeitiges Einbinden des pflegenden Angehörigen und durch begleitetes Einüben der Pflegetätigkeiten sowie adäquate Beratung gelegt werden. Damit steht pflegenden Angehörigen ein sogenannter Angehörigenbegleiter zur Seite, der einerseits noch während des stationären Aufenthalts vermittelnd und beratend tätig sein kann und andererseits auch nach der Entlassung in die Häuslichkeit, bzw. zum Beginn der Pflegetätigkeit, z. B. durch Hausbesuche präsent und erreichbar ist. Durch einen ebenfalls zu etablierenden ergänzenden Kurs „Pflegende Angehörige", der bereits in Zusammenhang mit GrowiAn in Kooperation mit regional verorteten Sozialverbänden und einer Klinik für Frührehabilitation sowie Geriatrie entwickelt wurde und auf der Station durchgeführt und damit als integraler Bestandteil des Rehabilitationsprozesses gesehen werden kann, wird eine stetige Steigerung von Motivation, emotionaler und kognitiver Kompetenz sowie das Erlernen praktischer Fähigkeiten in der Pflege ermöglicht. Eine „kooperative Entlassung" – also die Pflegeüberleitung in Kooperation und Abstimmung von Klinikärzten und dem Hausarzt, zwischen Klinikpflege und ambulanten Pflegediensten sowie der privaten Pflege – macht es möglich, den Gewinn der stationären Rehabilitation in die häusliche Pflege zu übernehmen und weiterzuführen. Ansatzpunkte einer vorausschauenden Planung (*Advanced Care Planning*) und die Einbindung palliativer Pflege – z. B. spezialisierte ambulante Palliativversorgung (SAPV) – sind bei Bedarf im Einzelfall unbedingt zu berücksichtigen.

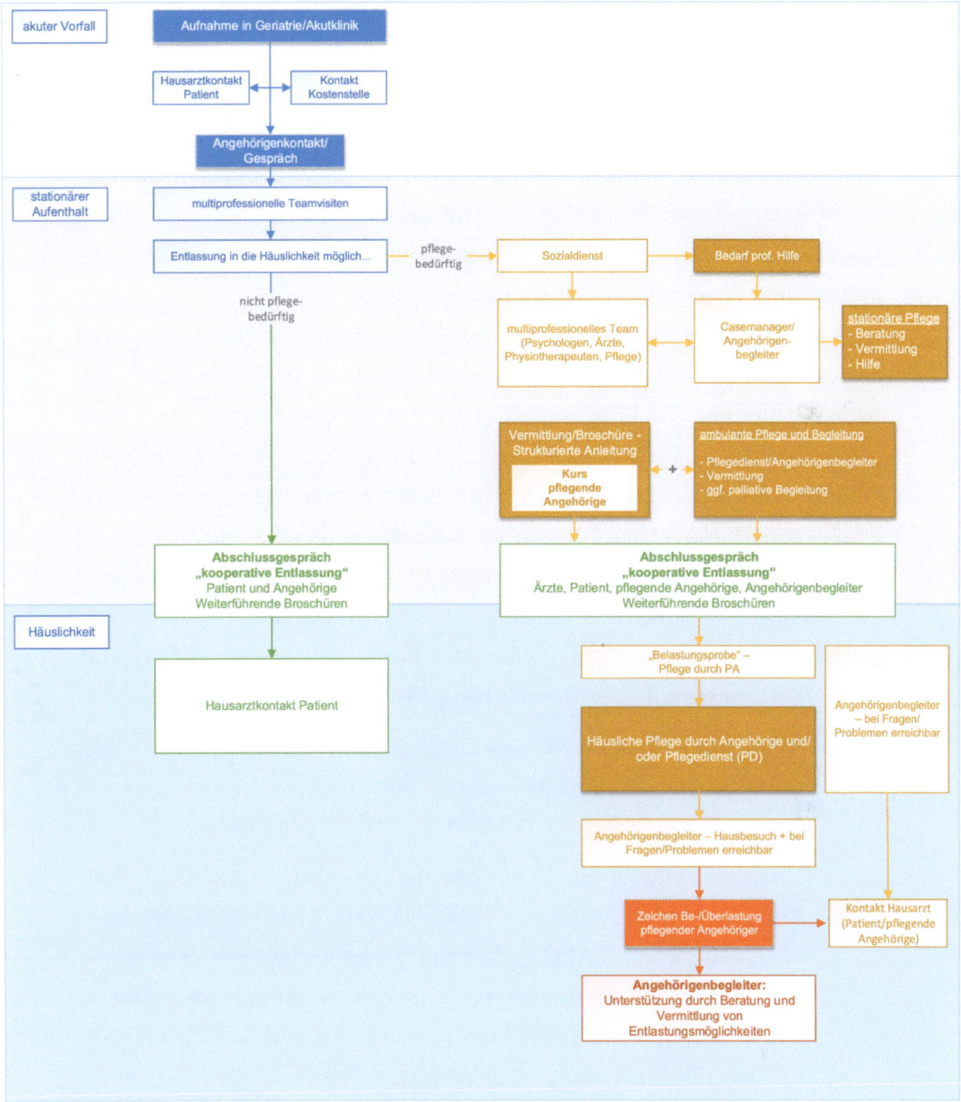

Abb. 5.1: Möglicher Aufbau eines geriatrisch-rehabilitativen Netzwerks

5.4 Fazit und Ausblick

Ein Großteil der pflegerischen Versorgung wird bereits jetzt ambulant durch pflegende Angehörige vorgenommen. Angesichts der vorliegenden

Prognosen wird die immense Bedeutung der informellen Pflege deutlich, die für Pflegende mit starken physischen oder psychischen Belastungen und Einschränkungen auf die eigene Lebensplanung einhergeht. Um gesundheitliche Folgeschäden zu vermeiden, sollten pflegende Angehörige frühzeitig erkannt, beraten und entlastet werden. Hausärztinnen und -ärzte, die in diesem Zusammenhang oft als einzige Ansprechpartner und Koordinatoren fungieren, können diesen Anspruch aufgrund struktureller und sozialer Barrieren oft nur erschwert erfüllen.

Das Ziel, oftmals hochbetagte, pflegebedürftig werdende Menschen so lange wie möglich in der Häuslichkeit zu belassen, kann nur durch den Aufbau einer stabilen Pflegesituation erreicht werden. Dafür bedarf es eines individuellen Versorgungsnetzes, das Pflege- und Versorgungsqualität durch Zusammenarbeit aller beteiligten Akteure schnittstellenübergreifend generiert und Versorgungsbrüche an Sektorenübergängen vermeidet. Dieser Anspruch muss allerdings sowohl für die Versorgung der Pflegebedürftigen selbst als auch für die adäquate Versorgung der pflegenden Angehörigen als Akteure gelten. Die Wirksamkeit des Versorgungsnetzwerks sollte daher im Hinblick auf zwei Schwerpunkte evaluiert werden:

1) Pflegebedürftige Person: Durch adäquate Pflege und rechtzeitigen Einbezug von Hilfsmöglichkeiten können Wiedereinweisungen in ein Krankenhaus bzw. in die Geriatrie minimiert werden.

2) Pflegende Angehörige: Die Pflegetätigkeit kann zu erheblichen körperlichen sowie psychischen, emotionalen und sozialen Belastungen führen. Inwiefern die Pflegedauer und die Pflegeintensität subjektiv als belastend empfunden werden und mit negativen gesundheitlichen Folgen einhergehen, hängt u. a. von der individuellen Bewertung der Pflegesituation, der verfügbaren Ressourcen – z. B. in Form sozialer Unterstützung oder entlastender Angebote – und von den gewählten Bewältigungsstrategien der pflegenden Angehörigen ab. Das Ausmaß der subjektiv empfundenen Belastung bei pflegenden Angehörigen bzw. die zeitnahe Erkennung einer be- bzw. überlastenden Situation ist richtungsweisend in Bezug auf die zukünftige Pflegesituation (vgl. Gräßel/Behrndt, 2016, S. 173). Somit ist es un-

abdingbar, die subjektive Belastung der pflegenden Angehörigen in weiteren Studien zu erheben. Das Instrument der Wahl zur Messung der subjektiven Belastung ist hier die Kurzversion der Häuslichen Pflege-Skala (HPS-k) (engl. *Burden Scale for Family caregivers*), die auch in der S3-Leitlinie „Pflegende Angehörige von Erwachsenen" berücksichtigt wird (vgl. Gräßel et al., 2014; DEGAM, 2018, S. 88). Die zehn Items der Kurzversion beziehen sich auf mögliche Veränderungen der Lebenszufriedenheit, des Gesundheitszustands, des Eintritts körperlicher Erschöpfung sowie der Rollenkonflikte und auf den Wunsch, aus der Situation auszubrechen. Der ermittelte Summenwert kann dann drei Schweregraden pflegerischer Belastung zugeordnet werden: „keine/niedrige", „mittlere" und „hohe/sehr hohe". Aus dieser Einteilung können prognostische Aussagen zur Pflegesituation in der Häuslichkeit getroffen werden. Somit kann durch den Angehörigenbegleiter ebenfalls die Notwendigkeit einer Entlastung beurteilt werden. Wiederholte Befragungen lassen im Verlauf des Pflegegeschehens Rückschlüsse über negative Veränderungen zu, auf die zeitnah reagiert werden sollte und somit gesundheitliche Folgeschäden vermieden werden können (vgl. Gräßel et al., 2014).

Literatur

Barnes, C. J./Markham, C. (2018). *A pilot study to evaluate the effectiveness of an individualized and cognitive behavioural communication intervention for informal carers of people with dementia: The Talking Sense programme.* International Journal of Language & Communication Disorders, 53 (3), S. 615–627.

Bialon L. N./Coke, S. (2012). *A study on caregiver burden: stressors, challenges, and possible solutions.* American Journal of Hospice and Palliative Medicine, 29 (3), S. 210–218.

BiB – Bundesinstitut für Bevölkerungsforschung (2017). *Pflegebedürftige werden meistens zu Hause versorgt.* https://www.demografie-portal.de/SharedDocs/Informieren/DE/ZahlenFakten/Pflegebeduerftige_Versorgung.html (03.12.2018).

BMG – Bundesministerium für Gesundheit (2017a). *Pflegende Angehörige.* https://www.bundesgesundheitsministerium.de/service/begriffe-von-a-z/p/pflegende-angehoerige.html#c7658 (04.03.2019).

BMG – Bundesministerium für Gesundheit (2017b). *Zweites Pflegestärkungsgesetz (PSG II)*. https://www.bundesgesundheitsministerium.de/service/gesetze-und-verordnungen/guv-18-lp/stellungnahmen-refe/psg-ii.html#c11780 (04.03.2019).

Boots, L. M./Vugt, M. E. de/Kempen, G. I./Verhey, F. R. (2018). *Effectiveness of a Blended Care Self-Management Program for Caregivers of People With Early-Stage Dementia (Partner in Balance): Randomized Controlled Trial*. Journal of Medical Internet Research, 20 (7), S. 10017.

Boots, L. M./Vugt, M. E. de/Kempen, G. I./Verhey, F. R. (2016). *Effectiveness of the blended care self-management program "Partner in Balance" for early-stage dementia caregivers: study protocol for a randomized controlled trial*. Trials, 17 (1), S. 231.

Brügger, S./Jaquier, A./Sottas, B. (2016). *Belastungserleben und Coping-Strategien pflegender Angehöriger. Perspektive der Angehörigen*. Zeitschrift für Gerontologie und Geriatrie, 49 (2), S. 138–142.

Bulsara, C. E./ Fynn, N. (2006). *An exploratory study of GP awareness of carer emotional needs in Western Australia*. BMC Family Practice, (7), S. 33.

Burridge, L. H./Mitchell, G. K./Jiwa, M./Girgis, A. (2011). *Consultation etiquette in general practice: a qualitative study of what makes it different for lay cancer caregivers*. BMC Family Practice, (12), S. 110.

Candy, B./Jones, L./Drake, R./Leurent, B. et al. (2011). *Interventions for supporting informal caregivers of patients in the terminal phase of a disease*. Cochrane Database of Systematic Reviews, (6).

Carduff, E./Finucane, A./Kendall, M./Jarvis, A. et al. (2014). *Understanding the barriers to identifying carers of people with advanced illness in primary care: Triangulating three data sources*. BMC Family Practice, 15 (1), S. 48.

DEGAM – Deutsche Gesellschaft für Allgemeinmedizin und Familienmedizin (2018). *Pflegende Angehörige von Erwachsenen. S3-Leitlinie*. https://www.degam.de/files/Inhalte/Leitlinien-Inhalte/Dokumente/DEGAM-S3-Leitlinien/053-006_Pflegende%20Angehoerige/053-006l_DEGAM%20LL%20Pflegende%20Angehörige_4-3-2019.pdf (27.03.2019).

Gräßel, E./Behrndt, E.-M. (2016). *Belastungen und Entlastungsangebote für pflegende Angehörige*. In: Jacobs, K./Kuhlmey, A./Greß, S./ Klauber, J. et al. (Hrsg.): Pflege-Report 2016. Schwerpunkt: Die Pflegenden im Fokus. Stuttgart: Schattauer, S. 169–188.

Gräßel, E./Berth, H./Lichte, T./Grau, H. (2014). *Subjective caregiver burden: validity of the 10-item short version of the Burden Scale for Family Caregivers BSFC-s*. BMC Geriatrics, (14), S. 23.

Höppner, C./Schneemilch, M./Lichte, T. (2015). *Pflegende Angehörige und ihre Belastungen in Hausarztpraxen identifizieren – Hindernisse und Empfehlungen*. Zeitschrift für Allgemeinmedizin, 91 (7/8), S. 311–314.

Jenkins, C./Feldman, G. (2018). *Recognition of preclinical signs of dementia: A qualitative study exploring the experiences of family carers and professional care assistants*. Journal of clinical nursing, 27 (9/10), S. 1931–1940.

Jones, R. V./Hansford, J./Fiske J. (1993). *Death from cancer at home: the carers' perspective*. BMJ, 306 (6872), S. 249–251.

KBV – Kassenärztliche Bundesvereinigung (2014). *Eckpunkte Pflegende Angehörige.* https://www.kbv.de/media/sp/Eckpunkte_Pflegende_Angeh_rige.pdf (17.12.2018).

Lavela, S. L./Ather, N. (2010). *Psychological health in older adult spousal caregivers of older adults.* Chronic illness, 6 (1), S. 67–80.

Nowossadeck, S./Engstler, H./Klaus, D. (2016). *Pflege und Unterstützung durch Angehörige.* Report Altersdaten Heft 1, https://www.dza.de/fileadmin/dza/pdf/Report_Altersdaten_Heft_1_2016.pdf (17.06.2018).

Riedel, O./Klotsche, J./Wittchen, H.-U. (2016). *Overlooking informal dementia caregivers' burden.* Research in Gerontological Nursing, 9 (4), S. 167–174.

Rothgang, H./Kalwitzki, T./Müller, R./Runte, R. et al. (2015). *BARMER GEK Pflegereport 2015. Schwerpunktthema: Pflegen zu Hause.* https://www.barmer.de/blob/36042/73f4ded2ea20652834aeedbb7c2bc16a/data/pdf-barmer-gek-pflegereport-2015.pdf (04.03.2019).

Rothgang, H./Kalwitzki, T./Amsbeck, H. (2016). *Pflege in Deutschland im Jahr 2030 – regionale Verteilung und Herausforderungen.* https://www.bertelsmann-stiftung.de/fileadmin/files/user_upload/Policy_LebensWK_4_2016_final.pdf (13.01.2019).

Rothgang, H./Müller, R. (2018). *Pflegereport 2018. Schriftenreihe zur Gesundheitsanalyse.* https://www.barmer.de/blob/170372/9186b971babc3f80267fc329d-65f8e5e/data/dl-pflegereport-komplett.pdf (05.01.2019).

Schwinger, A./Tsiasioti, C./Klauber, J. (2016). *Unterstützungsbedarf in der informellen Pflege – eine Befragung pflegender Angehöriger.* In: Jacobs, K./Kuhlmey, A./Greß, S./ Klauber, J. et al. (Hrsg.): Pflege-Report 2016. Schwerpunkt: Die Pflegenden im Fokus. Stuttgart: Schattauer, S. 189–216.

StBA – Deutsches Statistisches Bundesamt (2018). *Pflegestatistik. Pflege im Rahmen der Pflegeversicherung. Deutschlandergebnisse 2017.* https://www.destatis.de/DE/Themen/Gesellschaft-Umwelt/Gesundheit/Pflege/Publikationen/Downloads-Pflege/pflege-deutschlandergebnisse-5224001179004.pdf?__blob=publicationFile&v=5 (25.03.2019).

SVR – Sachverständigenrat zur Begutachtung der Entwicklung im Gesundheitswesen (2009). *5.3 Pflegebedürftigkeit im Alter.* https://www.svr-gesundheit.de/index.php?id=185 (28.10.2018).

The Princess Royal Trust for Carers/The Royal College of General Practitioners (2011). *Supporting Carers: An action guide for general practitioners and their teams.* 2. Auflage, http://static.carers.org/files/supporting-carers-an-action-guide-for-general-practitioners-and-their-teams-second-edition-5877.pdf (28.11.2018).

Wilz, G./Pfeiffer, K. (2017). *Psychotherapie mit älteren pflegenden Angehörigen.* Der Nervenarzt, 88 (11), S. 1246–1251.

Zwingmann, I./Hoffmann, W./Michalowsky, B./Wucherer, D. et al. (2018). *Offene Versorgungsbedarfe pflegender Angehöriger von Menschen mit Demenz. Primärärztliche Versorgung.* Der Nervenarzt, 89 (5), S. 495–499.

6 Ingestibles in der Patientenversorgung

Ethische Erwägungen und Empfehlungen

TOBIAS HAINZ

Ingestibles sind eine Kombination aus einem schluckbaren Sensor, ggf. einem Wirkstoff sowie Geräten zur Auslesung und Verarbeitung von Daten. Ihnen wird nachgesagt, dass sie die Patientenversorgung nachhaltig verbessern und zu einer finanziellen Entlastung des Gesundheitssystems beitragen könnten. Mit den Ingestibles eng verbunden sind jedoch auch ethische Erwägungen, die dieser Beitrag beleuchten wird. Die ausführliche Diskussion endet mit entsprechenden Empfehlungen im Umgang mit Ingestibles.

Die Aufzeichnung, Analyse und Aufbereitung von Daten zum individuellen Gesundheitsverhalten – das sogenannte „Tracking" – ist längst kein Privileg professioneller Sportler mehr. Auch Hobbysportler oder Menschen, die nur ein wenig auf ihre Gesundheit achten möchten, können dazu auf die Unterstützung von Fitnessarmbändern, Smartphone-Apps und anderen Geräten zurückgreifen. Dadurch lassen sich beispielsweise die täglich zurückgelegten Schritte zählen oder die Nährwerte der verzehrten Speisen zumindest näherungsweise bestimmen. Durch die Integration von Sensoren in Alltagsgegenstände, etwa Socken, lassen sich nicht nur im Bedarfsfall, sondern kontinuierlich Gesundheitsdaten erheben und verarbeiten. Laut einer repräsentativen Umfrage des Digitalverbands Bitkom nutzte im Jahr 2017 fast jede zweite Person in Deutschland, die ein Smartphone besitzt, auch eine Gesundheits-App auf dem Gerät (vgl. Bitkom, 2017).

In randomisierten, kontrollierten Studien konnte nachgewiesen werden, dass die Verwendung von Tracking-Technologien einen positiven Effekt auf das individuelle Gesundheitsverhalten haben kann. So kann etwa eine Smartphone-App übergewichtige Menschen dabei unterstützen, sich gesundheitsförderlicher zu ernähren (vgl. Mummah et al., 2017, S. 125). Allein die Verwendung von Schrittzählern in Form von Apps kann zudem dazu führen, dass Menschen ein gesünderes Bewegungsverhalten zeigen (vgl. Gabbiadini/Greitemeyer, 2018).

Trotz dieser positiven Effekte von Tracking-Technologien werden auch Bedenken diskutiert. So mahnt etwa der Soziologe Selke in einem Interview mit der Ärzte Zeitung, dass Technologien der digitalen Selbstvermessung zu einer Zunahme des sozialen Drucks führen könnten, diese Technologien zu verwenden und sich selbst dadurch zu optimieren. Auch finde auf diese Weise eine Individualisierung von Verantwortung statt: Verantwortung für die eigene Gesundheit werde noch stärker von der Gesellschaft auf Individuen übertragen - wer keine Selbstvermessung betreibe oder betreiben wolle, müsse eben mit den Folgen leben (vgl. Beneker, 2016).

Diese Überlegungen bilden den Ausgangspunkt für diesen Beitrag, der sich mit ethischen Aspekten einer neuartigen Form von Tracking-Technologien befasst und dabei die Brücke zur Patientenversorgung einbezieht: Gegenwärtige Entwicklungen in der Medizintechnologie ermöglichen es mittlerweile, Sensoren zu diagnostischen Zwecken in handelsüblichen Kapseln oder Tabletten so zu platzieren, dass diese Sensoren von Patienten kontrolliert geschluckt werden können. Für diese neuartigen Tabletten/Kapsel-Sensor-Kombinationen werden die Begriffe „Ingestibles" (von engl. *ingestible* = „einnehmbar") oder „Smart Pills" verwendet (vgl. Federal Communications Commission, o. J.).

Ingestibles kombinieren also die bereits gängigen Möglichkeiten zur Einnahme von Medikamenten, die etwa von einer Gelatinekapsel umhüllt werden, mit der fortschreitenden Miniaturisierung in der Computertechnologie. Auf diese Weise sollen Ingestibles neue diagnostische Möglichkeiten eröffnen, bestehende Diagnoseverfahren ersetzen und die Compliance von Patientinnen und Patienten bei der Einnahme von Medikamenten überwachen. Da sich die Entwicklung von Ingestibles jedoch noch in einem recht frühen Stadium befindet, wurden erst wenige Anwendungen tatsächlich realisiert. Ein Beispiel ist die „PillCam Colon": ein Ingestible, das eine miniaturisierte Kamera enthält, mittels derer Bilder des Dickdarms aufgenommen und an ein externes Gerät, etwa ein Tablet, übertragen werden können (vgl. Medtronic, o. J.). Die „PillCam Colon" kann bei Patientinnen und Patienten, für die aus diversen Gründen eine Darmspiegelung kontraindiziert ist, eine Möglichkeit zur Darmkrebsvorsorge sein, die zuvor in dieser Form nicht angeboten werden konnte (vgl. Spada et al., 2011, S. 581).

Ein weiteres Beispiel ist ein System des Unternehmens Proteus Digital Health namens „Discover", das aus einem Ingestible, einem Pflaster und einer App für mobile Geräte besteht (vgl. Proteus Digital Health, o. J.). Das Ingestible wird gemeinsam mit regulär einzunehmenden Medikamenten geschluckt. Sobald der Sensor den Verdauungstrakt erreicht hat, wird er aktiviert und überträgt relevante Daten an das Pflaster, das der Patient trägt und das wiederum mit einem externen Gerät wie einem Tablet verbunden ist. Auf diese Weise kann kontrolliert werden - etwa durch den Patienten selbst oder durch einen Arzt -, ob die einzunehmenden Medikamente tatsächlich, zum richtigen Zeitpunkt oder in der richtigen Dosierung eingenommen wurden (vgl. Hafezi et al., 2015, S. 108). Außerdem können Ärzte die Medikation ihrer Patientinnen und Patienten den gemessenen Daten entsprechend anpassen (vgl. Thompson, 2016, S. 266 f.).

Ingestibles verfügen über ein nennenswertes Potenzial, die Patientenversorgung nachhaltig zu verbessern und zu einer finanziellen Entlastung von Gesundheitssystemen beizutragen, wie im weiteren Verlauf dieses Beitrags skizziert werden soll (vgl. Kap. 6.2.2 und 6.2.3). Ob dieses Potential realisiert werden kann, hängt neben der technischen Umsetzung jedoch auch von der Akzeptanz von Ingestibles durch relevante Akteure ab (Patienten, Leistungserbringer, Kostenträger, Regulierungsbehörden etc.).

Die Akzeptanz von Akteuren gegenüber Ingestibles wird selbst u. a. von ethischen Erwägungen beeinflusst. Darunter sollen Erwägungen verstanden werden, die theoretisch reflektiert sind und auf einem Normensystem basieren, das einen Anspruch auf unbedingte Gültigkeit erhebt (vgl. Hübner, 2018, S. 13). Solche ethischen Erwägungen sind also unabhängig von bloßen Nützlichkeitskalkülen oder kontextuellen Faktoren.

In diesem Beitrag sollen ethische Erwägungen vorgestellt werden, die für eine abschließende Bewertung von Ingestibles mitbedacht werden sollten. Der Grund hierfür ist, dass ethische Erwägungen die Akzeptanz von Ingestibles durch relevante Akteure beeinflussen. Damit hängt von ihnen indirekt ab, inwieweit sich das faktisch vorhandene Potenzial von Ingestibles in der Versorgung realisieren lässt.

Im folgenden Abschnitt wird eine Arbeitsdefinition des Begriffs „Ingestibles“ vorgestellt. Außerdem wird skizziert, inwieweit sich Ingestibles positiv auf die Patientenversorgung auswirken und welche gesundheitsökonomischen Effekte sie haben könnten. Daran anschließend werden die ethischen Erwägungen diskutiert, die für eine Akzeptanz von Ingestibles relevant erscheinen, bevor abschließend drei Empfehlungen für den Umgang mit Ingestibles in der Patientenversorgung formuliert werden.

6.1 Hintergrund

Die beiden Beispiele im einleitenden Abschnitt – die „PillCam Colon“ und das System „Discover“ – illustrieren die bestehenden Anwendungsmöglichkeiten von Ingestibles und können als Ausgangspunkte für eine Arbeitsdefinition dienen, die den kommenden Abschnitten zugrunde liegt. Eine verbreitete Definition existiert aufgrund der Neuartigkeit von Ingestibles und der bislang sehr überschaubaren Anwendungen noch nicht. Daher ist die nachfolgende Arbeitsdefinition als vorläufig zu erachten.

6.1.1 Was sind Ingestibles?

Ein Ingestible ist eine *Kombination* aus einer *Tablette bzw. Kapsel (ggf. mit einem Wirkstoff)* und einem *Sensor* oder einem *anderen Aufzeichnungsgerät* aus *biokompatiblen Materialien* mit einem *diagnostischen Zweck*, sodass das Ingestible zur Gänze geschluckt werden kann.

Die kursiv gesetzten Definitionsinhalte verdeutlichen die wesentlichen Kriterien zur Identifizierung eines Ingestibles: Es handelt sich hierbei um eine Erweiterung klassischer Tabletten oder Kapseln durch einen Sensor oder ein anderes Aufzeichnungsgerät, sodass die Schluckbarkeit von Tabletten oder Kapseln durch diagnostische Möglichkeiten ergänzt wird. Ein Wirkstoff kann enthalten sein, ist aber – wie etwa im Falle der „PillCam Colon“ – nicht notwendig (vgl. Spada et al., 2011, S. 581). Relevant ist außerdem noch die Biokompatibilität der im Sensor bzw. im Aufzeichnungsgerät verarbeiteten Materialien, denn nur diese gewährleistet eine Anwendbarkeit ohne gesundheitliche Beeinträchtigungen (vgl. Bettinger, 2015, S. 575). Externe Auslesegeräte sind notwendig für die Funktionalität von Ingestibles, ebenso wie externe Speicher sowie Verarbeitungshardware und -software für die erhobenen Daten (vgl. Hafezi et al., 2015).

6.1.2 Probleme der Medikation bei chronisch kranken Patientinnen und Patienten

Die „PillCam Colon" als eine Alternative zur konventionellen Darmspiegelung kann als das erste Ingestible erachtet werden, mit dessen Hilfe Daten in Gestalt von Bildern erfasst und übertragen werden können. Neuere Formen von Ingestibles, wie das ebenfalls bereits beschriebene System „Discover", gehen in ihrer Funktionalität darüber hinaus, weil sie Daten erfassen können, die unmittelbar mit der Medikation von Patientinnen und Patienten zusammenhängen und damit für die Therapie direkt relevant sind. Wie noch zu sehen sein wird, ist dies ein ethisch besonders sensibles Anwendungsgebiet. Aus diesem Grund sollen sich die folgenden Betrachtungen auf den Einsatz von Ingestibles im Bereich der Medikation chronisch kranker Patientinnen und Patienten beschränken.

Chronisch kranke Patientinnen und Patienten sind nicht nur mit krankheitsbedingten Einschränkungen ihrer Lebensführung konfrontiert, sondern potenziell auch mit negativen Auswirkungen der Therapie selbst auf ihre Lebensqualität. Ein Grund hierfür ist die oftmalige Notwendigkeit, nicht nur eines, sondern mehrere bis hin zu einer Vielzahl von Arzneimitteln einzunehmen, sodass eine sogenannte „Polypharmazie" bzw. „Polymedikation" (vgl. Salazar et al., 2007, S. 695) vorliegt. Arzneimittel können zu Nebenwirkungen führen, die ihrerseits wieder durch neue Arzneimittel therapiert werden, sodass einige Patienten deutlich mehr Medikamente einnehmen müssen, als zur Behandlung der Grunderkrankung im optimalen Falle nötig wären. Außerdem können Arzneimittel miteinander interagieren und so ebenfalls unerwünschte Wirkungen entfalten. Hinzu kommt, dass die Compliance von Patienten mit zunehmender Anzahl einzunehmender Arzneimittel abzunehmen tendiert (vgl. Paczkowska et al., 2016, S. 444). Auch dieser Prozess kann u. a. auf Nebenwirkungen von Medikamenten zurückgeführt werden, aber auch mit reiner Überforderung erklärt werden (vgl. Lobo et al., 2017, S. 1101). Verschärft wird dieses

Problem noch im Falle älterer, multimorbider Patientinnen und Patienten. Zu den Gründen für verringerte Compliance zählen die bereits erwähnte Häufigkeit der Einnahme von Arzneimitteln, aber auch mangelndes Verständnis für die Erklärungen von Ärzten, eigene Unzufriedenheit mit der Behandlung und Probleme in der persönlichen Lebensführung, die aus einem schlechten Gesundheitszustand resultieren (vgl. Jin et al., 2016, S. 2123). Als weitere Risikofaktoren in Bezug auf Compliance - speziell im Falle von Bluthochdruck - wurden soziale Isolation und ein niedriges Einkommen identifiziert (vgl. Villalva et al., 2017, S. 145).

Aus diesen bekannten Medikationsproblemen sowie den Anwendungsbeispielen für Ingestibles aus dem einleitenden Abschnitt lässt sich ableiten, dass Ingestibles einen spürbaren Beitrag zur Therapieverbesserung bei chronisch kranken Patientinnen und Patienten leisten könnten. Dies betrifft gleichermaßen Probleme bei Polymedikation und mangelhafter Compliance, da der diagnostische Zweck von Ingestibles sich sowohl auf die Erkennung von Wechselwirkungen zwischen Medikamenten als auch auf die Überprüfung der Compliance von Patientinnen und Patienten beziehen kann.

6.1.3 Gesundheitsökonomische Auswirkungen

Neben positiven Einflüssen auf die Medikation chronisch kranker Patientinnen und Patienten können auch Auswirkungen von Ingestibles auf die derzeitige Kostensituation im deutschen Gesundheitswesen erwartet werden. Medikationsprobleme bei chronisch kranken Patientinnen und Patienten bestehen häufig insbesondere in der Polypharmazie und in mangelhafter Compliance. Die unnötigen Mehrausgaben im deutschen Gesundheitssystem, die jährlich durch mangelhafte Compliance entstehen, werden nach Studien auf einen niedrigen zweistelligen Milliardenbetrag beziffert (vgl. ABDA, 2007; Deutsche Apotheker Zeitung, 2013). Nimmt man zu Rechenzwecken einen Wert von 10 Milliarden Euro an unnötigen Mehrausgaben an und geht man aufgrund verfügbarer Daten für die Jahre 2012 bis 2014 von derzeit 200 Milliarden Euro an Gesundheitsausgaben durch die gesetzlichen Krankenversicherer aus (vgl. StBA, 2017), so beträgt der Anteil der unnötigen Mehrausgaben aufgrund mangelhafter Compliance immerhin 5 %. Die überflüssigen Mehrausgaben aufgrund von Fehlern bei Polypharmazie lassen sich noch einmal auf rund eine Milliarde Euro beziffern (vgl. Pharmazeutische Zeitung, 2015).

Zu beachten ist, dass das Einsparpotenzial durch Ingestibles nicht mit den genannten unnötigen Mehrausgaben gleichgesetzt werden darf. Denn auf diese Weise würde ignoriert, dass Ingestibles selbst Ausgaben verursachen werden, nämlich durch ihren Einfluss auf die Herstellung von Arzneimitteln. Wie groß dieser Einfluss sein wird, ist von diversen Faktoren abhängig, etwa den Produktionskosten der Ingestibles und den darauf basierenden Arzneimittelpreisen sowie dem Nutzungsgrad von Ingestibles durch Patientinnen und Patienten. Ingestibles könnten also zu einem *Anstieg* der Ausgaben für Arzneimittel führen, ebenso jedoch auch zu einer *Verringerung*, nämlich sofern sie zu präziseren Medikationen beitragen und dadurch das Ausmaß an Polymedikation verringern.

Die genauen gesundheitsökonomischen Auswirkungen von Ingestibles sind somit von einer Vielzahl von Annahmen abhängig, die hier nicht im Detail weiterverfolgt werden können. Allerdings erscheint es zumindest plausibel, dass Ingestibles zu einer Effizienzsteigerung im Gesundheitswesen führen könnten: entweder durch eine Verringerung der Arzneimittelausgaben bei mehr oder weniger gleichbleibendem Nutzen oder durch einen Anstieg der Arzneimittelausgaben, dem jedoch ein umso größerer Nutzen gegenübersteht.

6.2 Ingestibles: Ethische Erwägungen

In diesem Abschnitt werden nun einige ethische Erwägungen diskutiert, die bei der Nutzung von Ingestibles Beachtung finden sollten. Dadurch wird auch der letzte Abschnitt dieses Beitrags vorbereitet, in dem einige Empfehlungen skizziert werden, wie auf diese ethischen Erwägungen angemessen reagiert werden kann.

6.2.1 Datenschutz und Datensouveränität

Wie bereits in der Einleitung zu diesem Beitrag dargelegt wurde, können Ingestibles als eine Form von Tracking-Technologie betrachtet werden. Trotz offensichtlicher Unterschiede zu anderen Tracking-Technologien findet sich auch eine Gemeinsamkeit: Ingestibles sammeln Gesundheitsdaten, die über eine Schnittstelle ausgelesen und dann extern weiterverarbeitet werden. Deshalb liegt es nahe, dass Ansprüche an den Datenschutz, die sich bereits an konventionelle Tracking-Technologien richten, auch gegenüber Ingestibles erhoben werden. Da sich Ingestibles durch ihre Invasivität einer Kontrolle zudem in besonderem Maße entziehen, bedeutet dies für einen potenziellen Anwender: Entweder verwendet er das Ingestible und muss dann darauf vertrauen, dass seine Daten adäquat geschützt werden, oder er muss insgesamt auf die Anwendung verzichten und dadurch mögliche Nachteile hinnehmen.

Die Einhaltung datenschutzrechtlicher Standards durch Ingestibles und ihre Begleitanwendungen zur Auslesung und Weiterverarbeitung von Daten ist deshalb nicht nur ein rechtliches, sondern auch ein ethisches Gebot. Denn es sollte einem Patienten nicht abverlangt werden, auf die Anwendung einer Technologie zu verzichten, die für ihn einen gesundheitlichen Nutzen bereithält, nur weil er nicht darauf vertrauen kann, dass seine Daten hinreichend sicher sind. Belässt man es bei dem etablierten Konzept des Datenschutzes, könnte diese ethische Betrachtung an dieser Stelle bereits abgeschlossen sein. Eine naheliegende Empfehlung könnte dann lauten, dass die Nutzung von Daten, die durch Ingestibles erhoben werden, zu anderen als diagnostischen und therapeutischen Zwecken nicht gestattet werden sollte. Der Bezugspunkt für diese Empfehlung wären bereits etablierte datenschutzrechtliche Standards. Allerdings wird in jüngster Zeit eine Alternative zum Konzept des Datenschutzes diskutiert: die Datensouveränität. Darunter versteht der Deutsche Ethikrat, der dieses Konzept in seiner Stellungnahme „Big Data und Gesundheit – Datensouveränität als informationelle Freiheitsgestaltung" geprägt hat, die Befugnis und Kompetenz von Individuen, selbst zu bestimmen, wie ihre personenbezogenen Daten, also auch Gesundheitsdaten, verwendet werden, dabei berücksichtigend, welche Chancen die Daten als Ressource – etwa im Forschungskontext – bieten (vgl. Deutscher Ethikrat, 2017, S. 253 f.).

Datensouveränität geht also weit über den alleinigen Schutz von Daten hinaus, da das Konzept vorsieht, dass Individuen selbst darüber verfügen, für welche Zwecke ihre Daten verwendet werden. Das offensichtlichste Beispiel dazu sind Daten, die zunächst zu diagnostischen und ggf. therapeutischen Zwecken erhoben und verarbeitet wurden, jedoch auch zu Forschungszwecken nützlich sein könnten. Das klassische Konzept des Datenschutzes würde die Nutzung von Gesundheitsdaten zu Forschungszwecken verbieten oder zumindest erheblich erschweren. Etabliert sich jedoch das Konzept der Datensouveränität als Alternative, könnte eine solche Nutzung erleichtert werden, indem Patientinnen und Patienten die Möglichkeit eingeräumt wird, ihre Gesundheitsdaten für Forschungszwecke zur Verfügung zu stellen.

Auch die Nutzung von Ingestibles könnte in Zukunft mithilfe des Konzepts der Datensouveränität geregelt werden, sofern sie auf der Ebene von Gesetzen und Verordnungen Anwendung findet. Die technischen Voraussetzungen für die Nutzung von Gesundheitsdaten, die über Ingestibles gesammelt werden, sind durch die Kombination aus Sensor, Ausleseschnittstelle und externem Datenspeicher prinzipiell gegeben. Analog zu den obigen Ausführungen zum Datenschutz ist jedoch anzumerken, dass das technische Design von Ingestibles es einem Nutzer ermöglichen muss, seine Datensouveränität so weit wie möglich auszuüben, wann immer er dies wünscht. Auf der Ebene des Sensors wird dies kaum möglich sein, sehr wohl aber an der Ausleseschnittstelle und in den externen Datenspeichern. Sofern diese Elemente so gestaltet sind, dass Nutzer bestimmen können, wer in welcher Weise Zugriff auf ihre Daten erhält – auch über Leistungserbringer und Kostenträger hinaus –, wären die Vorgaben gewährleistet, die das Konzept der Datensouveränität liefert.

6.2.2 Prinzipielle Aversion gegenüber Datenpreisgabe

Das oben beschriebene Erfordernis, dass Ingestibles mindestens datenschutzrechtliche Standards einhalten und vielleicht auch die Möglichkeit der Datensouveränität von Nutzerinnen und Nutzern vorsehen, ist primär ein technisches Erfordernis. Eine weitere ethische Erwägung betrifft weniger die Seite der technischen Realisierung als vielmehr die Seite des Umgangs mit potenziellen Nutzerinnen und Nutzern, die eine prinzipielle Aversion gegenüber der Preisgabe ihrer persönlichen Daten hegen – sei es zu diagnostischen, therapeutischen oder erst recht zu anderen Zwecken. Die Frage, die sich hier stellt, ist: Wie sollte mit Patientinnen und Patienten umgegangen werden, die einerseits von Ingestibles profitieren könnten, sich aber andererseits aufgrund einer Skepsis gegenüber der Preisgabe ihrer Daten gegen die Anwendung sperren?

Wie auch immer eine ethisch angemessene Antwort auf diese Frage aussieht: Sie wird wohl notwendigerweise einen Kompromiss darstellen. Jedoch käme etwa eine Zwangsmedikation nur in äußerst wenigen Fällen infrage, und diese fallen nicht unter die Standardbeispiele für eine Anwendung von Ingestibles. Sie wären eher im Bereich der psychischen Erkrankungen angesiedelt, während die Standardbeispiele von physiologischen Erkrankungen wie etwa Bluthochdruck ausgehen. Dennoch: Eine – wenn auch ethisch fragwürdige – Antwort auf diese Frage wäre, dass in solchen Fällen eine medizinisch indizierte Leistung vorenthalten werden sollte. Dies wäre dann der Fall, wenn ein Patient einen Wirkstoff, der in Form eines Ingestibles verabreicht wird, nicht zu sich nehmen könnte, weil er das Ingestible als solches ablehnt. Sofern jedoch der Wirkstoff prinzipiell auch ohne Sensor verabreicht werden könnte, also als „klassische" Tablette oder Kapsel, ist nicht ersichtlich, weshalb einem Patienten diese Leistung nicht zukommen sollte. Ob die Ablehnung des Ingestible durch den Patienten als objektiv irrational zu bewerten wäre, ist eine andere, ebenfalls berechtigte Frage, die hier jedoch nicht weiter diskutiert werden kann.

Wenn also die Kontrolle der Medikamenteneinnahme per Ingestible einen therapeutischen Zusatznutzen verspricht, aber weder Zwangsmedikation noch das Vorenthalten einer medizinisch indizierten Leistung ethisch akzeptable Optionen darstellen, bleiben nur Kompromisse als Alternativen. Ein solcher Kompromiss soll abschließend als Empfehlung vorgestellt werden.

6.2.3 Vulnerable Patientengruppen

Neben den bereits genannten Patientengruppen, die von Ingestibles profitieren könnten - chronisch kranken, multimorbiden und älteren Menschen -, existieren weitere Gruppen, denen ebenfalls in der Theorie mit Ingestibles geholfen werden könnte, d. h. eine Verbesserung ihrer Versorgung erzielt werden könnte. Dazu zählen psychisch kranke oder auch drogensüchtige Menschen, deren Erkrankung oder Sucht medikamentös therapiert werden kann. Patientinnen und Patienten aus beiden Gruppen können allerdings, wenn sie in der Medikamenteneinnahme auf sich allein gestellt sind, als unzuverlässig gelten (vgl. Kane et al., 2013, S. 224). Wenn sie aus bloßer Unachtsamkeit regelmäßig vergessen, ihre Medikamente einzunehmen, könnte die Kombination aus Ingestibles und einem Erinnerungsmechanismus in der Ausleseschnittstelle ausreichen, um die Compliance zu verbessern.

Sofern Patienten jedoch versuchen, professionelle oder familiäre Betreuer gezielt zu täuschen, müssten diese Betreuer in der Lage sein, selbst Einsicht in die Daten zu nehmen, die ein Ingestible liefert, oder zumindest ebenfalls Zugriff auf einen Erinnerungsmechanismus haben, um so auf ihre Schutzbefohlenen einwirken zu können. Eine solche Regelung wäre nicht ohne einen ethischen Kompromiss zu ermöglichen, der letztlich aus einer Abwägung des Nutzens für Patienten und ihrem Recht auf Privatsphäre bestünde. Denn bei psychisch kranken oder drogensüchtigen Patientinnen und Patienten handelt es sich um Menschen aus einer vulnerablen Gruppe, deren Handlungs- und Urteilsfähigkeit durch ihre Erkrankung oder Sucht womöglich stark eingeschränkt ist. Dadurch könnte es schwierig werden, sie überhaupt angemessen über die Funktionsweise von Ingestibles aufzuklären und ihre informierte Einwilligung zu ihrem Einsatz zu erhalten. Im Idealfall würde der Patient die Funktionsweise verstehen und in die Anwendung einwilligen. Es wären aber auch Fälle denkbar, die vermieden werden sollten: Erstens wäre es möglich, dass ein Patient zwar einwilligt, sich nachträglich aber in seiner Autonomie verletzt fühlt, weil keine ausreichenden Anstrengungen unternommen wurden, ihm die Funktionsweise von Ingestibles angemessen zu erklären. Zweitens wäre es denkbar, dass er ihre Anwendung ablehnt, weil er einen Kontrollverlust fürchtet, wodurch ihm der Nutzen versagt bliebe.

Der potenzielle Nutzen für psychisch kranke oder drogensüchtige Menschen mit eingeschränkter Compliance durch Ingestibles könnte daher zwar beträchtlich sein, allerdings haben auch diese Menschen ein Recht auf Privatsphäre und auf einen sensiblen Umgang mit ihren Gesundheitsdaten. Deshalb wären gerade für die Anwendung von Ingestibles bei Patientinnen und Patienten, die zu solchen oder weiteren vulnerablen Gruppen gehören - z. B. auch Kinder –, Regelungen zu finden, die ihrer besonderen Situation angemessen Rechnung tragen.

6.3 Empfehlungen

Abschließend sollen drei Empfehlungen für den Umgang mit Ingestibles in der Patientenversorgung ausgesprochen werden, die geeignet erscheinen, um den zuvor angestellten ethischen Erwägungen gerecht zu werden. Eine Berücksichtigung dieser Empfehlungen könnte dazu beitragen, das Potenzial von Ingestibles zur Verbesserung der Versorgungssituation chronisch kranker Menschen und ggf. auch zur Effizienzsteigerung im Gesundheitswesen auf eine ethisch akzeptable Weise zur Entfaltung zu bringen.

„Datensouveränität durch Technikgestaltung"

Mit der Einführung der Datenschutzgrundverordnung (DSGVO) wurde der Begriff „Datenschutz durch Technikgestaltung" (engl.: *data protection by design*) maßgeblich geprägt (vgl. Europäisches Parlament und Europäischer Rat, 2016, Art. 25). Die entsprechende Forderung besteht darin, dass Technologien, die zur Erhebung und Verarbeitung von Daten dienen, bereits von Beginn ihrer Entwicklung an datenschutzfreundlich gestaltet werden. Der hier vorgeschlagene Begriff geht einen Schritt weiter, indem er nicht Datenschutz, sondern Datensouveränität als Gestaltungsprinzip für Ingestibles vorschlägt. Damit berücksichtigt die Empfehlung einerseits die Vorgabe der DSGVO und andererseits die Weiterentwicklung durch den Deutschen Ethikrat: Nutzer von Ingestibles könnten - sofern diese schon durch ihre Gestaltung die Souveränität der Nutzer über die Daten sicherstellen - individuell entscheiden, inwieweit sie ihre Gesundheitsdaten für andere als diagnostische oder therapeutische Zwecke zur Verfügung stellen.

Medizinische Indikation als Anwendungsvoraussetzung

Die Anwendung von Ingestibles sollte streng an eine medizinische Indikation als notwendige Voraussetzung gekoppelt sein. Das betrifft nicht nur den Wirkstoff, sondern insbesondere auch die Sensor-Wirkstoff-Kombination nebst externen Geräten zur Auslesung, Speicherung und Verarbeitung der erhobenen Daten. Nur wenn der Einsatz eines Ingestibles medizinisch indiziert ist, sollte es auch zur Anwendung kommen; allein Bequemlichkeit bzw. der Verweis darauf, dass es einfacher sei als konventionelle Methoden, sollten nicht als ausreichend erachtet werden. Mittels dieser Empfehlung soll die sensible Situation vulnerabler Gruppen berücksichtigt werden, deren Mitglieder ein besonderes Interesse an der Wahrung ihrer Privatsphäre haben. Das Vorliegen einer medizinischen Indikation vor dem Einsatz eines Ingestibles stellt sicher, dass es primär zum Nutzen des Anwenders eingesetzt wird, anstatt primär zum Nutzen von betreuenden Personen, die sich auf diese Weise eine Arbeitserleichterung verschaffen könnten.

Ingestible-freie Wirkstoffe als Alternativen

Auch wenn die Kombination aus einem Wirkstoff, einem Sensor und den peripheren Technologien einen nachweisbaren Nutzen für Anwender bereithalten könnte, mögen Menschen, die eine prinzipielle Aversion gegenüber der Preisgabe persönlicher Daten hegen, dies für sich anders beurteilen. Diese Menschen könnten die Haltung vertreten, dass schon geringe Risiken hinsichtlich des Datenschutzes ausreichen, um die Anwendung von Ingestibles zu verweigern. In einem hypothetischen Szenario, in dem bestimmte Wirkstoffe *nur noch* in Form eines Ingestibles vertrieben würden, hätten solche Menschen einen Nachteil hinsichtlich der Versorgung mit medizinisch indizierten Maßnahmen. Es erscheint deshalb ethisch gerechtfertigt, dass Wirkstoffe, die in Form eines Ingestibles vertrieben werden können, zugleich auch als Ingestible-freie Alternative vertrieben werden müssen, damit auch Menschen, die sich persönlich gegen die Einnahme von Ingestibles entscheiden – aus welchen Gründen auch immer –, dennoch eine angemessene Gesundheitsversorgung erhalten können. Eine mögliche Erzeugung von Anreizen für die Nutzung von Ingestibles, die einen klaren Vorteil gegenüber konventionellen Maßnahmen bieten, wäre davon unberührt.

6.4 Fazit

Ingestibles sind, wie eingangs skizziert wurde, eine neuartige Technologie zum Tracking des Gesundheitsverhaltens, die sowohl Verbesserungspotenzial für die Versorgung chronisch kranker Patientinnen und Patienten aufweist – insbesondere bei Fällen von niedriger Compliance in der Medikamenteneinnahme – als auch das Gesundheitssystem durch eine Ausgabenreduktion entlasten könnte. Allerdings sind sie durch ihre Invasivität der Kontrolle durch Anwender in besonderem Maße entzogen. Hinzu kommt, dass die Daten, die durch Ingestibles zu diagnostischen Zwecken gesammelt werden, gespeichert und verarbeitet werden müssen, damit sich ein Mehrwert realisieren lässt.

Aufgrund dieser Eigenschaften ist im Umgang mit Ingestibles in der Patientenversorgung eine besondere ethische Sensibilität geboten. Diese Sensibilität sollte nicht nur dem individuellen Leistungserbringer abverlangt werden, sondern sich bereits in der Ausgestaltung regulatorischer Vorgaben für die Anwendung von Ingestibles niederschlagen. Drei Vorschläge für eine ethisch sensible Ausgestaltung wurden in diesem Beitrag unterbreitet: Erstens sollten auch Menschen, die eine prinzipielle Aversion gegenüber der Sammlung von Gesundheitsdaten hegen, auch weiterhin die Möglichkeit haben, für sie notwendige Medikamente einzunehmen – und zwar ohne eine Kopplung an einen Sensor. Zweitens sollte die Verabreichung von Ingestibles an eine medizinische Indikation geknüpft sein, damit die Bedürfnisse vulnerabler Gruppen angemessen berücksichtigt werden, deren Daten auch zu anderen Zwecken gesammelt werden könnten. Drittens sollte die Souveränität über die Sammlung und Nutzung von Gesundheitsdaten, die durch Ingestibles gesammelt und verarbeitet werden, bei den individuellen Anwendern verortet und schon durch die Gestaltung von Ingestibles realisiert werden.

Insbesondere die letzte Empfehlung zeigt, dass es bei einer ethisch sensiblen Ausgestaltung des Umgangs mit Ingestibles nicht um den Aufbau von Hürden geht, sondern um einen Kompromiss zwischen der Nutzung von Potenzialen und der angemessenen Berücksichtigung von Bedenken. Denn wenn das Prinzip der Datensouveränität umgesetzt wird, eröffnen sich auch Nutzungsmöglichkeiten für Ingestibles jenseits der Patientenversorgung - etwa zu Forschungszwecken. Die Entscheidung über eine solche Nutzung von Ingestibles würde dann jedoch bei den Anwendern verbleiben.

Literatur

ABDA - Bundesvereinigung Deutscher Apothekerverbände (2007). *Non-Compliance kostet 10 Milliarden Euro: Apotheker verbessern Therapietreue.* https://www.presseportal.de/pm/7002/998156 (25.02.2019).

Beneker, C. (2016). *Die Selbstvermessung des eigenen Ichs.* Ärzte Zeitung. https://www.aerztezeitung.de/praxis_wirtschaft/medizintechnik/article/919796/gesundheits-apps-selbstvermessung-des-eigenen-ichs.html (27.11.2018).

Bettinger, C. J. (2015). *Materials Advances for Next-Generation Ingestible Electronic Medical Devices.* Trends in Biotechnology, 33 (10), S. 575–585.

Bitkom (2017). *Fast jeder Zweite nutzt Gesundheits-Apps.* https://www.bitkom.org/Presse/Presseinformation/Fast-jeder-Zweite-nutzt-Gesundheits-Apps.html (18.12.2018).

Deutsche Apotheker Zeitung (2013). *Mangelnde Therapietreue kostet Gesundheitssystem Milliarden.* https://www.deutsche-apotheker-zeitung.de/daz-az/2013/az-42-2013/mangelnde-therapietreue-kostet-gesundheitssystem-milliarden (30.11.2018).

Deutscher Ethikrat (2017). *Big Data und Gesundheit - Datensouveränität als informationelle Freiheitsgestaltung.* https://www.ethikrat.org/fileadmin/Publikationen/Stellungnahmen/deutsch/stellungnahme-big-data-und-gesundheit.pdf (15.01.2019).

Europäisches Parlament und Europäischer Rat (2016). *Verordnung (EU) 2016/679 des Europäischen Parlaments und des Rates vom 27. April 2016 zum Schutz natürlicher Personen bei der Verarbeitung personenbezogener Daten, zum freien Datenverkehr und zur Aufhebung der Richtlinie 95/46/EG (Datenschutz-Grundverordnung).* https://eur-lex.europa.eu/legal-content/DE/TXT/HTML/?uri=CELEX:32016R0679&from=EN (03.12.2018).

Federal Communications Commission (o. J.). *Ingestibles, Wearables and Embeddables.* https://transition.fcc.gov/cgb/c2health/ingestibles-c2h-consumer-guide.pdf (27.11.2018).

Gabbiadini, A./Greitemeyer, T. (2018). *Fitness mobile apps positively affect attitudes, perceived behavioral control and physical activities.* The Journal of sports medicine and physical fitness. https://www.researchgate.net/publication/324260810_Fitness_mobile_apps_positively_affect_attitudes_perceived_behavioral_control_and_physical_activities (15.01.2019).

Hafezi, H./Robertson, T. L./Moon, G. D./Au-Yeung, K. et al. (2015). *An ingestible sensor for measuring medication adherence.* IEEE transactions on bio-medical engineering, 62 (1), S. 99–109.

Hübner, D. (2018). *Einführung in die philosophische Ethik.* Göttingen: Vandenhoeck & Ruprecht.

Jin, H./Kim, Y./Rhie, S. J. (2016). *Factors affecting medication adherence in elderly people.* Patient preference and adherence, 10, S. 2117–2125.

Kane, J. M./Kishimoto, T./Correll, C. U. (2013). *Non-adherence to medication in patients with psychotic disorders: epidemiology, contributing factors and management strategies.* World psychiatry: official journal of the World Psychiatric Association (WPA), 12 (3), S. 216–226.

Lobo, M. D./Sobotka, P. A./Pathak, A. (2017). *Interventional procedures and future drug therapy for hypertension.* European heart journal, 38 (15), S. 1101–1111.

Medtronic (o. J.). *PillCam COLON 2.* https://www.medtronic.com/covidien/en-us/products/capsule-endoscopy/pillcam-colon-2-system.html (27.11.2018).

Mummah, S./Robinson, T. N./Mathur, M./Farzinkhou, S. et al. (2017). *Effect of a mobile app intervention on vegetable consumption in overweight adults: a randomized controlled trial.* The international journal of behavioral nutrition and physical activity. 14 (1), S. 125.

Paczkowska, A./Kopciuch, D./Nowakowska, E./Hoffmann, K. et al. (2016). *Compliance Among Adolescents with Arterial Hypertension.* Advances in clinical and experimental medicine: official organ Wroclaw Medical University, 25 (3), S. 441–448.

Pharmazeutische Zeitung (2015). *Medikationsfehler: Arzneimitteltherapie muss sicherer werden.* http://www.pharmazeutische-zeitung.de/index.php?id=55999 (30.11.2018).

Proteus Digital Health (o. J.). *Discover.* https://www.proteus.com/discover/ (27.11.2018).

Salazar, J. A./Poon, I./Nair, M. (2007). *Clinical consequences of polypharmacy in elderly: expect the unexpected, think the unthinkable.* Expert opinion on drug safety, 6 (6), S. 695–704.

Spada, C./Hassan, C./Munoz-Navas, M./Neuhaus, H. et al. (2011). *Second-generation colon capsule endoscopy compared with colonoscopy.* Gastrointestinal endoscopy, 74 (3), S. 581-589.

StBA – Deutsches Statistisches Bundesamt (2017). *Gesundheitsausgaben nach Ausgabenträgern.* https://www.destatis.de/DE/Themen/Gesellschaft-Umwelt/Gesundheit/Gesundheitsausgaben/Tabellen/ausgabentraeger.html (26.03.2019).

Thompson, C. A. (2016). *Ingestible sensor helps healthcare providers adjust antihypertensive regimens*. AJHP – American Journal of Health-System Pharmacy, 73 (5), S. 266–267.

Villalva, C. M./Alvarez-Muiño, X. L. L./Mondelo, T. G./Fachado, A. A. et al. (2017). *Adherence to Treatment in Hypertension*. Advances in experimental medicine and biology, 956, S. 129–147.

Autoren

Dr. Ulrich F. Apel

1990–1996 Medizinstudium an der Medizinischen Fakultät der Otto-von-Guericke Universität Magdeburg; seit 2002 Facharzt für Allgemeinmedizin mit Niederlassung in Wolmirstedt; Zusatzqualifikation zur Palliativmedizin; seit 2005 Lehrpraxis des Instituts für Allgemeinmedizin Magdeburg; seit 2016 Mitgründer sowie Vorsitzender des Vereins „Gesundheit für Wolmirstedt e. V."

Dipl. Ing. Julia Hänel

Architektin in Frankfurt, 2001 Diplom an der TU Wien, seit 2009 Architektin bei sander. hofrichter Architekten; Schwerpunkt Krankenhausbau: Analyse von vorhandenen Baustrukturen, Erstellen von baulichen Ziel- und Masterplanungen inkl. Raum- und Funktionsprogrammen sowie Projekte von der Grundlagenermittlung bis zum Bauantrag; Anfang 2019 Abschluss des Studiums Master of Health Economics an der APOLLON Hochschule der Gesundheitswirtschaft

Dr. Tobias Hainz

Studium der Germanistik, Philosophie und Soziologie an der JGU Mainz, Promotion in Philosophie an der HHU Düsseldorf, Studium der Health Economics an der APOLLON Hochschule der Gesundheitswirtschaft; 2013–2017 wissenschaftlicher Mitarbeiter an der MH Hannover und der Universitätsmedizin Mainz, seit 2017 Berater bei der VDI/VDE Innovation + Technik GmbH

Dr. med. Gernot Heusinger von Waldegg

1981–1988 Medizinstudium CAU Kiel, 1992 Promotion, 2003 Facharztausbildung Physikalische Medizin und Rehabilitation, 2007 Facharztausbildung Neurologie; Zusatzqualifikationen sind u. a. Geriatrie, Palliativmedizin und Sozialmedizin; seit 2007 Chefarzt der Klinik für Geriatrie, seit 2014 Chefarzt der Klinik für Palliativmedizin im Klinikum Pfeiffersche Stiftungen Magdeburg sowie langjähriger wissenschaftlicher Mitarbeiter im Institut für Allgemeinmedizin der OvGU Magdeburg

Yvonne Marx

Studium Gesundheitsförderung und Management (B. A.) an der Hochschule Magdeburg-Stendal (FH), bis 2015 Studium der Gesundheitsökonomie an der APOLLON Hochschule der Gesundheitswirtschaft (M. A.), 2010–2016 Mitarbeiterin an verschiedenen Instituten der Medizinischen Fakultät der Otto-von-Guericke-Universität Magdeburg, 2016–2018 Wissenschaftliche Mitarbeiterin an der Universitätsklinik für Unfallchirurgie Magdeburg, seit 2018 ext. Doktorandin am Institut für Allgemeinmedizin der Medizinischen Fakultät der Martin-Luther-Universität Halle-Wittenberg, seit 2019 wissenschaftliche Mitarbeiterin/Koordinatorin an der Universitätshautklinik Magdeburg (HEDU LEAR IT, Erasmus+)

Prof. Dr. Johanne Pundt

Sozial- und Gesundheitswissenschaftlerin, nach wissenschaftlichen Tätigkeiten an der TU Berlin und der Universität Bielefeld, Fakultät für Gesundheitswissenschaften, seit 2009 Dekanin an der APOLLON Hochschule der Gesundheitswirtschaft in Bremen und seit 2017 Präsidentin der APOLLON Hochschule; Arbeitsschwerpunkte: Berufs-, Professions- und Bildungssoziologie bezogen auf das Gesundheitswesen, Human Resource Management und Themen zu Bedarfen im Bildungsbereich der Gesundheitswirtschaft sowie zu Qualifizierungspotenzialen und Arbeitsgestaltungen

Alexandra Sagel

ausgebildete und examinierte Krankenschwester, 1991–2003 Kinderkrankenschwester in der Intensivkrankenpflege, 2003–2005 Ausbildung zur Kauffrau im Gesundheitswesen, 2005–2019 tätig in verschiedenen Verbänden der Gesundheitswirtschaft (medizinische Rehabilitation, Arzneimittelversorgung, Selbsthilfe), 2013–2018 Studium der Gesundheitsökonomie (B. A. und M. A.) an der APOLLON Hochschule der Gesundheitswirtschaft; 2017 Weiterbildung zur zertifizierten Projektmanagement-Fachfrau, seit 2019 tätig im Bereich der Methodenforschung zur Medizinproduktesicherheit

Marcus Schneider

Ausgebildeter Sozialversicherungsfachangestellter, 2007–2011 Studium des Gesundheitsmanagements (B. A.) an der Hochschule Aalen, 2009–2011 Tätigkeit bei der BARMER in der Kundenbetreuung und im Leistungsrecht der Pflegeversicherung, 2013–2017 Studium der Gesundheitsökonomie an der APOLLON Hochschule der Gesundheitswirtschaft, seit 2011 Fachreferent beim GKV-Spitzenverband in der Abteilung Gesundheit; Zuständigkeit u. a. für die Themen häusliche Krankenpflege, Förderung ambulanter Hospizdienste, Versorgung mit stationären Hospizen, Spezialisierte ambulante Palliativversorgung (SAPV), gesundheitliche Versorgungsplanung für die letzte Lebensphase, Hospiz- und Palliativberatung und Haushaltshilfe

Dr. rer. pol. Jeanine Staber

Studium der Gesundheitsökonomie und Philosophy & Economics an der Universität Bayreuth sowie Verwaltung an der Fachhochschule Güstrow; 2005-2013 wissenschaftliche Mitarbeiterin an den Universitäten Bayreuth und Bremen sowie im Dekanat der APOLLON Hochschule der Gesundheitswirtschaft; 2013 Promotion an der Universität Bremen; seit 2013 Referentin bei der Senatorin für Wissenschaft, Gesundheit und Verbraucherschutz in Bremen im Referat „Beteiligungsmanagement/kommunale Kliniken"

Christiane Villain

Gesundheits- und Krankenpflegerin sowie Qualitätsmanagerin; Studium der Gesundheitsökonomie an der APOLLON Hochschule der Gesundheitswirtschaft; seit 2017 tätig im kaufmännischen Controlling eines Gesundheitsunternehmens mit Standorten im ländlichen Raum

Rechtsquellenverzeichnis

AMG Arzneimittelgesetz in der Fassung der Bekanntmachung vom 12.12.2005 (BGBl. I S. 3394), das zuletzt durch Artikel 1 des Gesetzes vom 18.07.2017 (BGBl. I S. 2757) geändert worden ist

KHG Krankenhausfinanzierungsgesetz in der Fassung der Bekanntmachung vom 10.04.1991 (BGBl. I S. 886), das zuletzt durch Artikel 3 des Gesetzes vom 11.12.2018 (BGBl. I S. 2394) geändert worden ist

MBO-Ä (Muster-)Berufsordnung für die in Deutschland tätigen Ärztinnen und Ärzte in der Fassung der Beschlüsse des 121. Deutschen Ärztetages 2018 in Erfurt geändert durch Beschluss des Vorstandes der Bundesärztekammer am 14.12.2018

SGB V Das Fünfte Buch Sozialgesetzbuch – Gesetzliche Krankenversicherung – (Artikel 1 des Gesetzes vom 20.12.1988, BGBl. I S. 2477, 2482), das zuletzt durch Artikel 3 des Gesetzes vom 22.03.2019 (BGBl. I S. 350) geändert worden ist

SGB V Das Fünfte Buch Sozialgesetzbuch – Gesetzliche Krankenversicherung – (Artikel 1 des Gesetzes vom 20.12.1988, BGBl. I S. 2477, 2482), das zuletzt durch Artikel 11 des Gesetzes vom 20.10.2015 (BGBl. I S. 1722) geändert worden ist

SGB IX Neuntes Buch Sozialgesetzbuch vom 23.12.2016 (BGBl. I S. 3234), das zuletzt durch Artikel 6 Absatz 3 des Gesetzes vom 28.11.2018 (BGBl. I S. 2016) geändert worden ist

Abbildungsverzeichnis

Abb. 1.1:	Throughput-Modell modifiziert nach Pfaff/Schrappe	18
Abb. 2.1:	Abrechnungszahlen im Bereich der SAPV	34
Abb. 2.2:	SAPV-Verträge in Verhandlung	37
Abb. 2.3:	Entwicklung der vertraglichen Abdeckung mit SAPV	37
Abb. 2.4:	Sterbeorte unter SAPV	41
Abb. 3.1:	Regelungen des GKV-VStG	56
Abb. 3.2:	Exemplarische SWOT-Analyse eines ländlichen Klinik-MVZ	67
Abb. 3.3:	Perspektiven der BSC	70
Abb. 4.1:	Instrumente der DRV für die Qualitätssicherung in der Rehabilitation	93
Abb. 4.2:	Aufbau des Vergütungssystems 3sVS-Sucht	94
Abb. 4.3:	Aufgabenbereiche der ZKS Suchtreha	96
Abb. 5.1:	Möglicher Aufbau eines geriatrisch-rehabilitativen Netzwerks	139

Tabellenverzeichnis

Tab. 1.1:	Kriterienkatalog für die Versorgungsanalyse	18
Tab. 2.1:	Ausgaben der Krankenkassen für SAPV	33
Tab. 2.2:	Anzahl SAPV-Verträge nach § 132d Abs. 1 SGB V	36
Tab. 2.3:	Gewünschte und tatsächliche Sterbeorte	40
Tab. 3.1:	Probleme, Ziele und Lösungsansätze der ambulanten Gesundheitsversorgung in ländlichen Gebieten	64
Tab. 3.2:	Exemplarische Balanced Scorecard	73
Tab. 4.1:	Zielgruppendefinition nach dem BORA-Konzept	91
Tab. 4.2:	Schweregrade der Abhängigkeit vom Hauptsuchtmittel	103
Tab. 4.3:	Schweregrade auf Basis der Anzahl weiterer Suchtdiagnosen	104
Tab. 4.4:	Schweregrade auf Basis der Anzahl vorangegangener Behandlungen	104
Tab. 4.5:	Schweregrade auf Basis der Art und der Anzahl psychischer Störungen	105
Tab. 4.6:	Schweregrade auf Basis des erreichten Punktwerts auf der Resilienzskala	106
Tab. 4.7:	Schweregrade auf Basis des erreichten Punktwerts auf der Skala zur allgemeinen SWE	107
Tab. 4.8:	Schweregrade auf Basis des erreichten Mittelwerts beim F-SozU	108
Tab. 4.9:	Schweregrade auf Basis der Wohnsituation	109
Tab. 4.10:	Schweregrade auf Basis des Ausmaßes der Schulden	110
Tab. 4.11:	Schweregrade auf Basis des bisher erreichten Schulabschlusses	112
Tab. 4.12:	Schweregrade auf Basis der Erwerbssituation und potenzieller erwerbsbezogener Problemlagen	112
Tab. 4.13:	Relative Schwellenwerte mit jeweiligem Bonus	116

Stichwortverzeichnis

A

Abhängigkeitserkrankung 79, 80
Advanced Care Planning 138
Alcohol Use Disorder Identification Test (AUDIT) 102
Altersstruktur 129
Altersstrukturveränderung 130
Angehörige
– pflegende 131
Arztdichte 57
Ärztemangel 57

B

Balanced Scorecard 69
BORA-Konzept 91, 112

C

Case-Mix 89
Compliance 150
Controlling 54, 65
– strategisches 66

D

Datenschutz 152
– durch Technikgestaltung 156
Datensouveränität 152, 153
demographischer Wandel 13
Diagnosis Related Groups (DRG) 84

E

Entwöhnungsbehandlung 80, 94, 101, 105
Erkrankung
– chronische 15, 149, 150, 155
– psychische 155

F

Fallgruppen
– diagnosebezogene 84
Fernbehandlungsverbot 16
Fernverschreibung 16

G

Gesundheitsversorgung
– ländliche 55

I

Ingestible 146, 148
Internet Gaming Disorder 103

K

KDS-Katamnese 91
Kerndatensatz
– deutscher (KDS) 90

M

Medikamentenabhängigkeit 102
Medikation 149
Medikationsproblem 150
Medizinische Versorgungszentren (MVZ) 56
Multimorbidität 15, 150, 155

N

Netzwerk 61

O

Online-Videosprechstunde 14, 16

P

Palliativversorgung 31
– spezialisierte ambulante (SAPV) 31, 138
Patientengruppen
– vulnerable 155
Patientenversorgung 145, 146, 147
Pay-for-Performance 85, 88
Pflege
– informelle 131
Polymedikation 149, 150
Polypharmazie 149
Primärversorgung 61

Q

QS-Reha-Verfahren 93
Qualitätssicherung 92
– externe 92

R

Rehabilitandenbefragung 114
Rehabilitanden-Management-Kategorien (RMK) 88
Rehabilitation 138
– medizinische 87, 92
Rehabilitationsbehandlungsgruppen (RBG) 87
Resilienzskala 106

S

Severty of Dependence Scale (SDS) 102
Sterbeort 38, 40, 41
Sucht 155
Suchtbehandlung 80
Suchterkrankung 80
Suchthilfesystem 80
Suchtrehabilitation 81, 95
SWOT-Analyse 66

T

Telemedizin 22
Therapietreue 23
Throughput-Modell 17
Tracking 145

V

Verbesserungsprozess
– kontinuierlicher 92
Vergütungssysteme 83
Verlaufskontrolle
– visuelle 14
Versorgung
– ambulante 14, 56
Versorgungsmodell
– indikationsbezogenes 62
– integriertes 62